스물다섯 살, 인스타로 시간당 30만 원 번다

내 몸값을 10배 올리는 퍼스널 브랜딩 노하우

스물다섯 살, 인스타로 시간당 30만 원 번다

'세아들아빠' 이원일 ✕ '낭만키키' 남가현 글·그림

VIVA2체

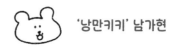 '낭만키키' 남가현

열일곱 살에 예술고등학교를 자퇴한 뒤, 3년간 게임에 빠져 방황하던 시절이 있었습니다. 맞지 않는 전공으로 하루하루 지옥 같은 생활을 보내다가 자퇴를 했는데 학교 밖은 더욱 지옥이 더라고요. 모든 인간관계가 단절되었고, 고작 고등학교조차 버티지 못하는 제 모습을 보면서 자존감이 바닥까지 추락했습니다. 하루에 17시간씩 게임을 하면서 현실을 외면했습니다. 그러다가 문득 잠에 들려고 누웠는데 눈물이 났습니다.

'앞으로 어떤 인생을 살아야 할까.'

두려움과 막막함 속에서 하루하루를 보냈던 것 같습니다. 3년이란 시간이 흘러 스무 살이 되던 해, 인생을 이렇게 흘려 보내기엔 미래의 나에게 미안할 것 같다는 생각이 들었습니다. 내 인생은 내가 구제하자는 마음으로 미술 입시를 시작했고, 치열한 입시 과정 끝에 2년 만에 성균관대학교에 합격하는 결과를 얻었습니다. 입시의 성공을 통해 낮았던 자존감은 회복되었지만 정작 앞으로의 인생을 어떻게 살아야 할지 너무 막막하더라고요. 그래서 뭐라도 해보자는 마음으로 다양한 알바를 경험했습니다. 편의점 알바부터 미술학원 강사, 대학 입시 강사, 문구점 캐셔 등의 일을 하면서 돈을 벌기 시작했습니다. 하루는 편의점에서 최저 시급 9860원을 받으면서 그런 생각이 들었습니다.

'내 몸값을 올리려면 어떻게 해야 하지?'

아무리 열심히 일해도 고정된 급여를 보면서 저는 다른 돌파구가 없을까 생각했습니다. 그러다가 세계적인 마케터 세스 고딘(Seth Godin)의 책 《린치핀(Linchpin : Are You Indispensable?)》을 읽었는데 저는 가히 충격을 받았습니다. '린치핀'은 원래 수레바퀴를 고정하는 데 사용하는 핀을 의미하는 단어로, 기계나 구조물에서 핵심적인 역할을 하는 부품을 가리킵니다. 세스 고딘은 나의 가치를 높이는 비결은 바로 '대체 불가능한 사람이 되는 것'이라고 말했습니다. 이전부터 인스타그램에서 만화를 그리는 사람들을 보면서 '나도 한번 해볼까' 생각하고 망설이기만 했는데 저도 한번 도전해봐야겠다고 생각했습니다. 창작하길 좋아하는 저는 대체 불가능한 사람이 되고 싶었거든요.

대학에서 시각디자인을 전공했는데 많은 친구들이 미래에

대한 고민을 이야기했습니다. 소위 '미술은 돈 안 된다'는 말은 잔인하게도 현실이었으니까요. 박봉인 디자인 업계. 예체능에 대한 사회의 인식을 보면서 저는 오기가 생기기도 했습니다. '나는 꼭 좋아하는 그림으로 돈을 벌 거야!'라는 마음으로 하루에 한 개씩 꾸준히 콘텐츠를 올렸는데 놀라운 일이 생겼습니다. 바로 제게 인스타그램을 알려준 '세아들아빠'를 만났거든요. 작가님은 제게 퍼스널 브랜딩(personal branding)을 4단계 개념으로 명쾌하게 알려주었습니다. 그 이후로 제 경험과 생각을 만화로 그려서 올렸더니 하나둘씩 팬들이 모였고 계정을 만든 지 1년 만에 2.5만 '인스타툰' 작가가 되었습니다.

인스타툰 작가가 되면서 저는 다양한 기회를 얻었습니다. 대학생 신분으로 다양한 광고 협업을 진행하기도 하고, 프리랜서로 일할 수 있는 기회를 얻었고, 뉴스레터 인터뷰를 진행하기도 하면서 현재는 여러분들과 만나기 위해 이렇게 책을 쓰는 작가가 되었으니까요. 인스타그램을 하면서 원하는 인생에 한발 나아간 기분이라 너무 행복했습니다. 무엇보다 내가 원하는 인생을 내 손으로 만들어간다는 재미가 정말 크더라고요. 그래서 저는 제 주변 소중한 친구들에게 늘 퍼스널 브랜딩을 하라고 이야기합니다. 평범했던 제가 다양한 기회를 얻었듯이 소중한 사람들 또한 원하는 인생을 만들어갔으면 하는 마음이었거든요.

'세아들아빠' 이원일 작가님은 늘 좋아하는 일을 하면서 살

라고 말합니다. 처음에는 그 말이 이해가 잘 되지 않았습니다. 과거 저는 돈을 벌기 위해서는 좋아하는 일을 포기해야 하지 않을까 생각했지만 지금은 다릅니다.

콘텐츠를 통해 기회를 만들 수 있는 지금 같은 시기는 누구나 좋아하는 일로 돈을 벌 수 있고 더 나아가 자신이 원하는 진짜 인생을 살 수 있다고 생각합니다. 20대 중반을 지나면서 지금의 시기가 너무 귀하다는 생각을 했습니다. 젊음은 다시 돌아오지 않는 만큼 저는 앞으로 제가 원하는 삶을 위해 도전하는 삶을 살 것입니다. 그 과정이 두렵기도 하지만 설렘의 마음이 더욱 큽니다. 저와 함께 원하는 삶을 살기 위해 도전하고 싶은 분들께 이 글을 전합니다.

마흔둘에 돈을 벌기 시작한 저는 부동산 경매를 했어요. 그 전까진 무술, 요가, 명상 수련을 했고요.

생활비를 벌면서 부동산 경매 종잣돈을 만들기 위해서는 부단한 노력이 필요하더라고요. 돈을 벌어보지 못한 저로서는 참 힘든 시간이었습니다. 자본주의 사회에서는 자본 수익이 이미 노동 수익을 앞서는 시대이기 때문에 돈, 즉 자본이 없었던 저는 항상 챗바퀴 도는 듯한 삶을 살았었죠.

직장을 가지고 열심히 일해서 저축을 해도 집값이 뛰는 속도를 잡아내지 못했기 때문이에요. 세 아들이 편안히 정착할 수 있는 집을 마련하기로 결심한 저는 사업을 하기로 마음먹었죠. 명상센터를 오픈해서 20여 년간 배우고 익힌 몸수련, 마음수련,

인생수련을 전수하기로 했습니다. 나 스스로 배우고 익히고 가르치는 건 자신 있었기 때문에 회원들이 금방 늘고 종잣돈을 빠르게 모을 수 있다고 생각했죠.

하지만 웬걸요! 사업은 어려웠어요. 운영을 해본 경험이 없는 저는 회원을 모집하는 데 관심이 없고 오직 가르치는 데만 열정을 쏟고 있었더라고요. 아무리 좋은 제품이 있더라도 홍보하지 않으면 팔리지 않는다는 기본 개념조차 모르던 시절이었던 거죠. 20세기는 제조업 중심의 경제 구조였기 때문에 물건을 만들기만 하면 잘 팔렸답니다. 하지만 21세기는 제품과 정보가 넘쳐나는 시대이기 때문에 홍보와 브랜딩을 하지 않고는 물건을 팔기 힘들다는 걸 몰랐던 거죠.

다행히 부동산 경매 선생님을 만났고, 경매를 배워서 자산을 불릴 수 있는 실력을 배웠습니다. 하지만 앞에서도 말했다시피 종잣돈 모으기가 쉽지 않았어요. 명상센터를 아무리 열심히 운영해도 월말 결산에서는 남는 게 없었죠. 그 와중에 부동산 경매 선생님은 저에게 경매 교육을 하라고 알려주셨어요. 그러면 명상센터보다 훨씬 더 빠르게 종잣돈을 모을 수 있을 거라고 하시면서요. 이때 제가 배운 게 홍보였습니다. 경매를 아무리 잘해도, 그리고 잘 가르쳐도 배우러 오는 사람이 없으면 망한다는 얘기였어요. 저에게 너무나 확실한 동기부여가 되었고 딱 알맞은 시기에 홍보에 대한 중요성을 알게 된 계기였습니다.

그때 제가 배웠던 홍보 도구가 유튜브였어요. 2017년이었고요. 신기하게도 구독자 100명 정도일 때부터 문의 전화가 오기 시작했습니다. 구독자들과 진심 어린 소통을 했기에 2년여 만에 3만 명 정도의 구독자가 생겼어요. 유튜브를 하면서 지은 채널 이름이 '경매로 빌딩 사는 빌딩 남자'였어요. 사람들이 저를 '빌딩남자 이원일'로 부르기 시작했던 거죠. 이것이 제가 저도 모르게 '퍼스널 브랜딩'을 알게 된 계기가 됩니다. 당연히 경매 교육을 받으려는 회원들은 줄을 이었고 교육비로 벌게 된 돈은 종잣돈이 되었습니다. 그 돈으로 투자한 부동산이 오르는 통에 자산이 불어나게 된 겁니다.

이렇게 시작한 부동산 경매를 아들에게 알려준 이야기를 담아《아들이 알바해서 번 돈 1000만 원으로 서울에 집 샀다》라는 책을 2022년도에 출간했어요. 서울 도봉구 창동에 낙찰받은 반지하 빌라는 아들이 월세를 잘 받고 있고 시세도 많이 올랐습니다. 부동산 월세에 맛을 들인 아들은 종잣돈만 있으면 부동산 경매를 한다고 하는데, 여기서 문제가 있어요. 종잣돈 모으기가 너무 어렵다는 얘기죠. 고등학교를 갓 졸업했을 때 아들은 월급 150만 원을 받으면서 한 달에 100만 원씩 저금을 했는데, 이제 군대 갔다 와서는 그게 쉽지가 않은 것 같아요. 당연히 원룸에 혼자 산다면 월세와 생활비만 해도 돈 모으기가 너무 힘들죠. 젊은 아들은 데이트도 해야 되잖아요. 친구들과 만나서 즐거운 시간도 보내고, 간혹 여행도 다녀야 되니까요.

그래서 제가 아들에게 알바나 직장을 몇 년 다니더라도 꼭 인스타그램으로 자신을 브랜딩 하라고 말하고 있어요. 이 퍼스널 브랜딩이 현시대에 수익을 몇 배로 증가시키는 초석이 되는 방법이기 때문이죠. 아들은 지금도 카페에서 일을 하고 있어요. 월급 200만 원을 받으면서요.

일하면서 받는 월급 200만 원이 작다고 얘기하는 게 아니에요. 카페에서 일한다는 게 볼품없다고 얘기하는 것도 아닙니다. 몸을 움직여서 돈을 번다는 게 얼마나 값어치 있는 일인지 알아요. 작은 돈이라도 내가 스스로 번 돈이 얼마나 의미 있는 돈인지도 알고요. 하지만 세상을 살면서 하고 싶은 일을 하고 사는 게 행복하다고 생각합니다. 하루를 살더라도 아들이 행복하게 사는 게 좋다고 생각해요. 그 하고 싶은 일을 하면서 돈을 번다면 더욱 좋겠고요. 그 일을 하면서 친구들도 많이 사귀기를 바랍니다. 이 얘기는 아들에게도 하는 말이지만 저 자신에게도 항상 하는 말이에요.

제가 배우고 익혀서 팔로워 9.5만 명을 만들고, 아들과 주변 사람들에게 알려주면서 정리된 이야기를 '인스타 성장기'라고 이름 지었습니다. '인스타그램으로 나의 성장을 기록하기'라는 뜻을 담고 있지요. 내가 성장한다는 것은 원하는 목표를 향해서 나아가는 것이라고 생각합니다. 그렇게 나아가다 보면 엎어지고 쓰러질 때도 있고, 햇살 가득한 때도 있잖아요. 그런 일들 모두를 기록해서 나를 자세히 들여다보면 나의 현재를 인식해서 목표를 이루는 성장이 일어난다는 것을 저는 알고 있어요.

원하는 목표를 이루기 위한 인스타그램 사용법 '인스타 성장기'는 아들에게 꼭 전하고 싶다는 마음으로 내용을 정리했습니다. 그리고 아들 또래의 청년들에게도 들려주고 싶다는 생각을 하던 차에 성균관대학교에 재학 중인 '낭만키키' 남가현 양을 만나게 되었어요. 인스타그램으로 알게 된 사이죠.

10대와 20대 친구들에게 희망의 메시지를 전하고 싶은 '낭만키키'는 시급이 1만 원에서 30만 원으로 성장했고, 입시를 준비하는 재수, 삼수, N수생들에게 수학을 알려주는 'N수구원'은 월수입 1000만 원을 훌쩍 넘기는 수익을 유지하게 되었습니다. '인스타 성장기' 프로그램으로 성장하게 된 두 친구는 저에게 이런 말을 했어요.

"작가님, 왠지 모를 불안함이 사라졌어요. 감사합니다."

인스타그램으로 좋아하는 것을 찾았다, 친구들을 사귀었다, 멘토를 만났다. 돈을 벌었다… 등등의 말보다 훨씬 제 마음을 따뜻하게 한 이 말을 듣고 기분이 참 좋았습니다. 저도 젊은 시절에 많은 불안감을 안고 살았기 때문인 거 같아요. 그 말에 용기를 얻어 본격적으로 프로그램을 알려야겠다는 생각을 하면서 이 책을 씁니다.

인스타를 처음 시작하고 싶은 분들, 특히 청년들에게 이 내용을 전하고 싶어요. 내가 좋아하는 일을 찾고, 그 좋아하는 일로 친구를 만들고, 그 친구들에게 내가 가지고 있는 가치를 전달하면서 행복한 인생을 살자고요!

차례

들어가는 글

1장 —

스물다섯 살,
시급 9860원에서
30만 원으로
점프하다

1장

스물다섯 살,
시급 9860원에서
30만 원으로 점프하다

시급30만원 올린 썰

좋은건 나눠야지유

@nangmankiki

나는 대학에 입학 후 알바를 시작했다.

22살, 알바 경험은 처음이었어서 내가
할 수 있는 알바는 닥치는대로 다양하게 했다.

편의점

미술 학원

과외

방과후 교사

그런데 아무리 열심히 해도
정해져 있는 시급을 보며

어떻게 하면 돈을
더 벌 수 있지?!

녹초가 되..

나는 돈을 벌 다른 방법은 없을까 고민했다.

아 일을 할 수록 내 몸값을
높여야 되는구나

자본주의를
이해하기 좋은 책

책 <부자아빠 가난한 아빠>

그런 결심을 하고 1년이란 시간이 흐른 뒤…

현재 나는 시급 1만원에서
30만원 이상으로 시급을 올릴 수 있었다.

점프!
시급 9860원에서
30만 원으로

낭만키키 : 작가님! 저 광고 들어왔어요~

세아들아빠 : 우와, 축하해!

낭만키키 : 1시간이 걸려 인스타그램에 콘텐츠를 하나 올렸을 뿐인
데 30만 원이 입금됐네요.

세아들아빠 : 시급이 30배가 됐네.

낭만키키 : 인스타그램 시작하길 정말 잘했어요. 좋아하는 일로 돈을
벌 수 있으니까요.

'올해 제일 잘한 게 뭐야?'

새해가 오기 전, 혼자서 지난 1년을 되돌아보며 생각해봤어
요. 그 해에 내가 가장 잘했던 일은 무엇일까? 여러 가지가 떠오

르긴 했지만, 그 중 제일은 '인스타그램을 시작한 것'이었어요. 인스타그램을 통해 제 자신이 좋아하는 일을 찾았고, 그 과정에서 수입까지 얻을 수 있었으니까요.

과거 저는 꿈이 많았지만 현실에서는 그 꿈을 이루는 건 불가능하다고 생각했어요. 생활비도 부족해서 여러 알바를 하며 돈을 벌어야 했고, 그저 매일매일을 버티며 살아가는 게 인생이라고 여겼죠. 현실이 너무 팍팍해서 주어진 상황에 순응하며 살아가는 게 최선이라고 믿었어요.

하지만 인스타그램을 시작하면서 그저 좋아하는 일을 콘텐츠로 만들어봤어요. 그 과정이 쌓이고 쌓이다 보니, 예상치 못한 기회들이 저절로 찾아왔어요. 평소에 좋아하던 브랜드와 협업할 기회도 생겼고, 저를 응원해주는 팔로워들을 만날 수 있었죠. 무엇보다 그 경험들이 저에게 다시 새로운 꿈을 꿀 수 있는 힘을 주었답니다.

물론, 인스타그램을 시작하는 과정은 결코 쉬운 일은 아니었어요. 계정을 성장시키려다 보니 팔로워가 늘지 않으면 너무 낙담하기도 했고, 어떤 콘텐츠를 올려야 할지 막막하기도 했죠. 하지만 그런 고비마다 한걸음씩 나아가며 과정을 거친 결과, 저 자신도 많이 성장할 수 있었어요. 그 후에는 '세아들아빠'와 함께 사람들에게 퍼스널 브랜딩을 교육하기 시작했고, 탁구 선수나 파티쉐 등 다양한 직업의 사람들이 자신만의 브랜드를 만들 수 있도록 도왔어요.

여러분은 좋아하는 일이 있으신가요?

좋아하는 일을 통해 돈을 벌고, 원하는 삶을 살 수 있다면 누구나 한번쯤 도전해보고 싶을 거예요. 그런데 이 도전을 현실로 바꿀 수 있는 시대가 바로 지금이에요. 콘텐츠를 통해 누구나 자신을 브랜딩하고, 더 나아가 나답게 살 수 있는 세상이 되었으니까요. 제가 해낼 수 있었던 것처럼, 여러분도 충분히 할 수 있어요. 그 여정이 보다 쉬워질 수 있도록 지금부터 하나씩 도와드릴게요.

지금부터 하면
늦지
않을까?

낭만키키 : 인스타그램을 지금부터 하면 늦지 않나요?

세아들아빠 : 왜 늦는다고 생각해?

낭만키키 : 이미 하는 사람들이 너무 많아서요.

세아들아빠 : 내가 부동산 하는 거 알지?

낭만키키 : 네 알아요.

세아들아빠 : 지금 부동산 하면 돈 못 벌지 않을까? 이미 너무 많잖아,
땅 주인들이.

낭만키키 : 부동산은 지금부터 해도 돈이 벌릴 것 같은데요?

세아들아빠 : 그래, 키키 생각이 맞아. 인스타도 똑같아!

바람이 부는 2019년 겨울 저녁. 저는 미술 학원에서 그림을

그리는 재수생이었습니다. 뒤늦게 미술을 전공하고 싶다는 열망이 생겨 스무 살에 미대 입시에 도전하게 되었습니다. 남들은 예중, 예고를 거쳐 초등학생 때부터 미술을 해왔다고들 하는데, 저는 시작이 늦어도 너무 늦었습니다.

"선생님, 제가 지금부터 시작해도 될까요?"

두려움과 기대감이 뒤섞인 마음으로 미술 학원의 상담을 받았고, 단 1%라도 가능성이 있기를 간절히 바랐습니다. 그토록 원하던 미술을 전공할 수 있다는 생각만으로도 가슴이 설레었으니까요.

"늦긴 늦었지만, 정말 열심히 하면 가능합니다."

그 말 한마디에 희망을 품고 저는 도전하기로 결심했습니다. 지금 도전하지 않으면 10년 뒤에 제가 많이 후회할 것 같았거든요. 좋아하는 마음이 크면 결국 그 일을 따라가게 되는 것 같습니다. 늦었다는 생각으로 3년간 우울감 속에서 하루하루를 살았는데 이 우울을 끝내는 방법은 모순적이게도 그토록 미루던 그 일에 도전하는 것이었습니다.

늦었더라도 도전해보자는 마음이 제 삶을 변화시켜주었습니다. 인스타그램을 시작할 때도 비슷했습니다. 이미 잘하는 사람들은 너무 많았으니까요. 그렇다고 늦었다는 이유만으로 도전을 망설이기에는 기회라는 가능성마저 빼앗기는 기분이었습니다. 후발 주자는 그만한 힘이 있다고 생각합니다. 왜냐하면 먼저 간 사람을 보고 따라갈 수 있으니까요.

온라인 시대! 수많은 기회를 얻기 위해 도전해봅시다!

나를 왜
세상에
알려야 해?

낭만키키 : 왜 세상에 나를 알려야 하나요?

세아들아빠 : 굳이 안 알려도 돼.

낭만키키 : 인스타그램을 하면 내가 알려지잖아요.

세아들아빠 : 왜 인스타그램을 하려고 하는데?

낭만키키 : 좋아하는 일로 돈을 벌고 싶어서요.

세아들아빠 : 좋아하는 일로 돈 버는 사람들은 알려질 수밖에 없어.

낭만키키 : 알려지지 않고 돈을 잘 버는 사람도 있잖아요.

세아들아빠 : 그 사람들은 그냥 돈을 벌고 싶은 거지, 좋아하는 일은

아닐 걸.

저는 자기계발 유튜버 '드로우앤드류'를 좋아합니다. 그는 한

국에서 디자인을 전공하고, 미국에서 인턴 생활을 시작으로 디자이너로 활동하다가, 유튜브를 통해 자신을 브랜딩한 사람입니다. '드로우앤드류'는 누구보다 주체적으로 자신이 원하는 인생을 사는 사람처럼 보였습니다. 그래서 정말 부러웠어요. 제가 살면서 가장 부러워하는 사람은 바로 자신이 좋아하는 일을 하며 원하는 인생을 사는 사람이었거든요.

하루는 그림 유튜버 '이연'의 강연이 광화문 교보문고에서 열렸습니다. '이연'은 스타벅스에서 디자이너로 일하다 퇴사한 후 책도 쓰고 그림도 그리는 90만 유튜버로 성장했습니다. 좋아하는 그림을 통해 경제적 자유를 얻은 그는 제 롤모델 중 한 명입니다. 강연에서 '이연'은 이렇게 말했는데요.

"저는 SNS를 통해 기회를 얻었어요. SNS는 제가 원하는 삶을 만들어준 존재예요."

'이연'은 유튜브를 시작한 것이 자신의 인생에서 가장 잘한 일이라고 강조했습니다. 그리고 강연의 마지막에서 이렇게 조언했습니다.

"저처럼 원하는 인생을 만들고 싶다면, 아주 작게 SNS부터 시작해보세요."

사실 저는 평소에 인스타그램을 즐겨 하던 사람은 아니었습니다. 왠지 모르게 제 일상을 공유하는 게 낯설고 부끄러웠거든요. 가끔 인스타그램 스토리를 활용하긴 했지만, 제 프로필에는 게시물이 단 하나도 없었죠. 하지만 강연을 듣고 나니 문득 이런 생각이 들었습니다.

'나는 글을 쓰는 작가이자 만화를 그리고 싶은 사람인데, 내가 원하는 삶을 살려면 내 콘텐츠를 봐줄 사람들이 필요하겠네. 아, 그래서 SNS가 중요한 거구나! 내가 좋아하는 것을 알아줄 사람들을 만나기 위해서.'

좋아하는 일을 업으로 삼은 사람들은 모두 대중에게 자신을 알리는 데 성공한 사람들이라는 사실을 아시나요?

고흐(Vincent van Gogh)와 피카소(Pablo Picasso)의 사례를 보아도 알 수 있습니다. 두 사람은 역사상 가장 위대한 예술가로 꼽히지만, 삶과 경제적 성공 면에서 극명한 차이를 보였습니다. 고흐는 생전 인정받지 못한 채 가난과 정신적 고통 속에서 살다 갔지만, 피카소는 엄청난 부와 명성을 누리며 생을 마감했습니다.

그 이유는 무엇일까요?

고흐는 내성적이고 감정적으로 불안정한 성격이었으며, 자신의 작품을 시장에 알리거나 대중과 소통하는 데 어려움을 겪었습니다. 그의 동생 테오가 작품을 팔기 위해 애썼지만, 큰 성과를 거두지 못했죠. 반면 피카소는 자신감 넘치는 외향적인 성격으로 자신의 작품을 적극적으로 홍보하고, 네트워킹을 잘했습니다. 그는 자신을 브랜딩하는 데 매우 탁월했던 것입니다.

그렇다면 SNS 활동을 하기 위해 피카소처럼 외향적이어야 할까요?

결코 그렇지 않습니다. 요즘은 얼굴을 드러내지 않고 내레이션과 목소리만으로 운영하는 유튜버, 조용히 그림 그리는 모습만 보여주는 크리에이터도 많습니다. 핵심은 '나를 알리는 행동'입니다. 자신을 표현하고, 사람들에게 알릴 수 있는 플랫폼을 활용하는 것이 중요한 것이죠. 좋아하는 일을 통해 원하는 인생을 살고 싶다면, 나를 알리는 일을 시작해야 합니다.

이제 한번 고민해보세요.

나는 사람들에게 어떤 모습으로 알려지고 싶은 지를 말이죠.

Tip!

좋아하는 일을 직업으로 삼으려면 나를 알리는 행위가 중요합니다.
퍼스널 브랜딩은 나를 대중들에게 알리고 다양한 기회를 얻을 수있는
수단이죠. 여러 사람들에게 어떻게 자신이 각인되었으면 하나요?

인스타그램 하면
뭐가
좋아?

낭만키키 : 인스타그램을 하면 뭐가 좋아요?

세아들아빠 : 하고 싶은 거를 매일매일 하는 게 좋아.

낭만키키 : 하고 싶은 게 없으면요?

세아들아빠 : 그러면 하고 싶은 걸 찾을 수 있어서 좋아.

낭만키키 : 어떻게 찾는데요?

세아들아빠 : 매일매일 아무거나 올리고 싶은 피드를 하나씩 올려.

　3개월 총 90일 동안.

낭만키키 : 진짜 아무거나 올려도 돼요?

세아들아빠 : 매일매일 아무거나 올리다 보면 70일 전후로 비슷한 걸

　올리게 될 거야.

낭만키키 : 아~, 그게 제가 좋아하는 거군요.

세아들아빠 : 그렇지!

'좋아하는 일을 하기 위해 나를 알려야 한다는 것까지는 잘 알겠는데…, 그런데 도대체 뭘 올려야 하지?'

처음 인스타그램을 시작할 때, 프로페셔널하게 계정을 운영하는 사람들을 보며 완벽한 콘텐츠를 올리고 싶었지만, 쉽지 않았습니다. 매일 콘텐츠를 기획하는 과정 또한 어려웠습니다. 그런데 문득 작가님(세아들아빠)이 했던 말이 떠올랐습니다.

"좋아하는 것은, 매일 생각나는 거야."

저는 주로 학교에 가기 위해 4호선을 많이 이용했는데요. 예술의 성지인 혜화역에 도착하면 지하철에 수많은 옥외 광고가 붙어 있습니다. 어느 날 제가 평소 좋아했던 그림 작가가 코레일과 콜라보한 광고를 보았습니다. 그 순간, 길에서 멈춰 서서 한동안 그 광고를 바라보았습니다. 부러운 마음이 들더군요.

'나도 저렇게 내가 창작한 무언가를 사람들에게 보여주고 싶다. 생각만 해도 설레는 걸!'

그 이후에도 부러운 마음은 가시지 않았습니다. 하루에도 수십 번 상상했습니다. 내가 만든 콘텐츠가 사람들에게 알려지는 상상. 생각만 해도 가슴이 뛰었고, 비로소 그것이 내가 진짜 원하는 인생이라는 생각이 들었습니다.

그래서 인스타그램에 만화를 올리기 시작했습니다. 사람들이 공감할 수 있는 주제, 위로를 받을 수 있는 주제들을 나만의 시각으로 풀어 스토리를 구성했습니다. 그렇게 기획하고 인스타툰을 그리다 보면 어느새 새벽이 되기도 했습니다. 어느 날은 인스타툰을 그리는 것이 너무 재미있어서 동이 터 오를 때까지 그림을 그린 적도 있습니다. 그렇게 내가 좋아하는 것들을 콘텐츠로 올리다 보니 기분이 좋아졌습니다.

좋아하는 일을 매일 하다 보니 삶의 만족도가 올라갔습니다. 오늘 하루가 즐거웠고, 내일이 기대되기도 했습니다. 좋아하는 일을 찾은 사람은 인생의 행복도가 다릅니다. 인스타그램을 통해서 저는 좋아하는 만화를 그릴 수 있게 되었습니다. 인스타그램을 통해 좋아하는 일을 매일 할 수 있다는 게 참 좋습니다!

나는
좋아하는 게
없어

낭만키키 : 좋아하는 게 없으면 어떡해요?

세아들아빠 : 좋아하는 게 없을 수가 없는데…. 반찬 뭐 좋아해?

낭만키키 : 저는 고기 반찬 좋아해요.

세아들아빠 : 언제부터 고기 반찬을 좋아했는데?

낭만키키 : 어렸을 때부터 좋아했어요.

세아들아빠 : 어떻게 좋아하게 됐어?

낭만키키 : 고기를 먹어보고 좋아하게 됐어요.

세아들아빠 : 그럼 야채도 먹어봤겠네?

낭만키키 : 네, 야채도 먹어봤죠.

세아들아빠 : 좋아하지 않는 야채도 먹어봤으니까, 고기 반찬이 좋은
걸 아는 거지~. 좋아하는 걸 찾을 때까지 좋아하지 않는 것들을
계속 해봐야지.

간혹 인스타그램에서 다음과 같은 메시지를 받습니다.

"키키님, 저도 키키님처럼 좋아하는 일을 하면서 살고 싶어요. 그런데 아무리 생각해도 제가 좋아하는 게 뭔지 잘 모르겠어요. 아무래도 저는 좋아하는 게 없나 봐요. 키키님은 이럴 때 어떻게 하셨어요?"

한번은 '좋아하는 일 찾는 방법'이라는 주제로 인스타툰을 그린 적이 있었습니다. 그 게시물은 '좋아요' 2829개, '저장' 5800개, '조회 수' 15만을 기록했습니다. 이러한 수치는 많은 분들이 자신이 좋아하는 일을 찾고 싶어한다는 것을 보여줍니다.

저 역시 좋아하는 일을 찾는 과정이 쉽지 않았습니다. 막연히 그림 그리기를 좋아해서 미대에 입학했지만, 대학에 들어간 후에는 더 이상 그림을 그리지 않았거든요. 입시 과정에서의 정형화된 그림에 지쳐서였는지, 좋아하던 것이 순식간에 사라진 느낌이었습니다. 정말 허무했어요. 무기력하게 학교를 다니다가 이대로 살 수는 없겠다는 생각에 다시 다양한 경험에 도전하기로 결심했습니다.

창업학을 복수 전공하기도 했고, 직접 대학교 강연을 기획해 60명이 넘는 학생들을 모으기도 했습니다. 또한 정부 지원 사업으로 다이어리를 제작해보기도 했습니다. 이러한 과정을 통해 제가 무엇을 좋아하는지 더 정확하게 알게 되었습니다.

인스타그램을 하면서도 비슷한 경험을 했습니다. 저는 처음에 일러스트레이터가 되고 싶었습니다. 광고나 상품에 들어가는 그림을 그리는 분들이 너무 멋있어 보였기 때문입니다. 그러나 막상 그림을 그리려니 생각보다 흥미가 생기지 않았습니다. 흥미가 생기지 않다 보니 자연스럽게 인스타그램에 그림을 올리는 주기도 점점 뜸해졌습니다.

그럼에도 꾸준히 그리려고 노력했는데, 어느 순간 제 그림의 특징 하나를 발견하게 되었습니다. 저는 화려한 그림보다는 단순하고 귀여운 캐릭터들을 그리고 있었다는 것이었는데요. 생각해보니 저는 캐릭터 그리기와 이야기 만들기를 좋아했습니다.

"아, 맞아. 생각해보면 나는 원래 이런 낙서 같은 캐릭터를 좋아했어. 중학생 때 친구들 체육복에 캐릭터를 그려주느라 밤새 애쓰기도 했잖아."

초등학생 때 웃긴 유머 사진을 올리는 앱에 재미있는 캐릭터로 만화를 그려 올렸더니, 베스트 1위 게시 글이 되었던 기억도 떠올랐습니다. 화려한 그림을 그리는 일러스트레이터를 보며 저도 그들처럼 되고 싶다고 다짐했지만, 실제로 콘텐츠를 만들다 보니 그것이 제가 진정으로 원하는 것이 아님을 깨달았습니다. 제가 진정으로 원하고 좋아하는 것은 사람들이 열광하는 스토리를 만들어내는 것이었습니다. 그래서 만화를 좋아했던 것 같아요. 만화 속에 담겨 있는 메세지가 너무 좋았거든요.

생각보다 많은 분들이 자신이 무엇을 좋아하는지 모릅니다.

과거, 저도 비슷한 고민으로 방황했습니다. 그러나 좋아하는 것을 찾는 방법은 단순합니다. 자꾸 생각나고 떠올리기만 해도 미소가 지어지는 것, 그리고 그 생각이 지속적으로 나는 것. 그것이 바로 내가 좋아하는 것입니다. 저는 창작하고 기획하는 모든 행위를 사랑합니다.

그런데 좋아하는 것을 찾는 과정에서는 반드시 '좋아하지 않는 것'을 경험하게 됩니다. 저 역시 인스타그램에 콘텐츠를 올리면서 제가 좋아하는 것과 좋아하지 않는 것을 구분하게 되었으니까요. 그러니 무엇을 올려야 할지 막막하더라도 일단 시도해보세요. 인스타그램을 통해 결국 좋아하는 일을 찾을 수 있을 테니까요!

Tip!

좋아하는 일은 매일 생각나고,
상상하기만 해도 입가에 미소가 지어지는 것!

너무
잘하는 사람들이
많아

낭만키키 : 잘하는 사람이 너무 많아서 시작하기 두려워요.

세아들아빠 : 잘하는 사람이 있으면 시작하기 쉬운데 왜 두려워?

낭만키키 : 그게 무슨 말이에요?

세아들아빠 : 잘하는 사람에게 물어보면 되지. 어떻게 그렇게 잘하게

됐냐고. 그러면 대부분 잘 알려주거든.

스무 살, 미술학원에서 자존심 상하는 경험을 했습니다. 바로 동갑내기 보조 강사 때문이었는데요. 미술학원에서는 보통 이전 해 입시에서 성공한 학생들을 보조 강사로 채용했습니다. 저는 재수생이었고, 저와 동갑이었던 작년 수강생은 보조 강사로 활동하고 있었죠. 지금 생각하면 '나이가 뭐가 대수일까' 싶

지만, 당시에는 자존심이 상했습니다.

'나이도 나랑 같은데… 저 사람은 선생님이라니 내 모습이 너무 쪽팔려!'

처음에는 일부러 그를 선생님이라고 부르지 않았습니다. 제가 존댓말을 하고 강사는 반말을 하는 상황이 불편했고, 괜히 제가 지는 것 같은 기분이 들었습니다. 그래서 궁금한 것이 있어도 참고 넘어갔습니다.

'여기서는 명암을 어떻게 줘야 하지?', '시간 분배를 이렇게 하는 게 맞을까?' 같은 궁금증이 생겨도 동갑내기 강사에게 묻지 않고 혼자 고민했습니다. 노하우 없이 혼자 끙끙 앓다 보니 당연히 실력은 더디게 늘었습니다. 답답한 마음에 이대로는 안 되겠다는 생각이 들어 결국 그를 불렀습니다.

"선생님, 질문이 있습니다."

강사는 제게 다가와 질문을 들어주었고, 친절하게 시범을 보이며 그림을 알려주었습니다.

'이렇게 쉬운 걸, 내가 괜히 자존심을 부렸네!'

과거에는 잘하는 사람들을 보면 괜히 위축되어 그들을 멀리했습니다. 열등감을 느끼기도 했고, 저만 작아지는 기분이 들어서였습니다. 그러나 입시 때의 경험을 통해 관점이 완전히 바뀌었습니다. 나보다 잘하는 사람이 곁에 있다는 것은 축복이라는 것을 깨달았습니다. 그들은 내가 원하는 길을 미리 가본 사람들이기에, 그들에게서 노하우를 얻을 수 있고, 무엇보다 잘하는 이들과 친해지고 가까워지면 내 성장은 더욱 빨라집니다.

인스타그램에는 계정을 빠르게 성장시키거나 이미 잘하고 있는 크리에이터들이 많습니다. 그들과 팔로워 수를 비교하다 보면 위축될 수 있습니다. 그러나 결국 내가 원하는 길을 이미 가본 이들이기에, 그들의 콘텐츠를 보며 많은 노하우를 얻을 수 있습니다. 내가 원하는 롤모델 크리에이터의 콘텐츠를 보며 아이디어를 얻을 수도 있고, 그들의 '좋아요' 수나 조회 수 지표를 분석해 어떤 것이 잘되었고, 어떤 것이 안 되었는지 파악할 수도 있습니다. 이렇게 기존 선발 주자들을 따라가며 나만의 인사이트를 도출한다면, 보다 빠르게 성장할 수 있습니다.

저 또한 마찬가지였습니다. 원하는 자기계발 주제의 인스타툰 작가들을 면밀하게 분석하며 나만의 차별성을 더해 콘텐츠를 만들어 나갔습니다. 그러니 선발 주자들을 경쟁자로 생각하기보다는, 나보다 좀 더 잘하는 멋진 친구라고 생각하세요. 그럼 어느새 당신도 누군가에게 그런 존재가 될 것입니다.

미술학원 보조 강사와의 경험은 저에게 많은 깨달음을 주었습니다. 그 과정에서 자존심을 내려놓고 배우려는 자세가 얼마나 중요한지 알게 되었습니다. 또한, 잘하는 사람들과의 교류를 통해 성장할 수 있다는 것을 몸소 느꼈습니다. 이러한 경험은 인스타그램 크리에이터로서 활동하는 데에도 큰 도움이 되었습니다.

　그러니, 자신보다 앞서 있는 사람들을 두려워하거나 질투하기보다는, 그들의 경험과 지식을 배우려는 자세를 가지세요. 그들과의 교류를 통해 자신만의 길을 찾아 나가다 보면, 어느새 당신도 누군가의 롤모델이 되어 있을 것입니다.

Tip!

나보다 잘하는 사람을 경쟁자가 아닌 친구로 생각하자!

뭐부터
시작해야
돼?

낭만키키 : 다 알겠어요. 그래서 뭐부터 해야 돼요?

세아들아빠 : 계정을 만들어서 콘텐츠를 하나 올려. 지금 당장!

낭만키키 : 계정 만들었어요. 뭘 올려요?

세아들아빠 : 그냥, 너의 손을 찍어서 올려.

"10분 만에 올리세요."

작가님이 저를 포함한 대학생들을 대상으로 인스타그램 사용법을 알려주실 때 한 말입니다. 당시에는 도무지 이해가 가지 않았습니다. 아무리 간단하게 만들어도 저는 콘텐츠를 만드는 데 최소 1시간이 걸렸습니다. 그런데 10분 만에 올리라니요.

그러나 인스타그램을 6개월 정도 운영하던 중, 그 말의 의도를 깨닫게 되었습니다. 콘텐츠를 만들 때 가장 경계해야 하는 것은 바로 '완벽주의'였습니다. 계정이 1만 팔로워로 빠르게 성장하면서 저는 어느 순간부터 부담감이 커졌습니다. 제가 좋아하는 것을 올리기보다는 팔로워들이 원하는 것이 무엇일까 매일 고민했고, 그렇게 고민해서 만든 콘텐츠를 올렸는데 반응이 좋지 않으면 하루 종일 우울한 마음이 들었습니다. 이전에는 인스타그램을 하는 행위 자체가 즐거웠는데, 어느 순간 부담감이 커져 계정 자체에 접속하지 않는 날들이 생기기 시작했습니다. 그런데 저의 이런 마음을 작가님도 알아채셨나 봅니다.

"키키, 요즘 인스타그램 재밌어?"

"작가님…. 저 요즘 인스타그램이 재미가 없어요. 어떻게 아셨어요?"

"그래 보여. 인스타그램이 재미없는 이유가 뭐야?"

"너무 잘하려고 하다 보니까 부담이 생기네요."

완벽한 모습만 보여야 한다는 강박으로 인해 콘텐츠를 올리기가 쉽지 않았습니다.

그래서 저는 힘을 빼기로 결심했습니다. 그러다 보니 자연스레 조회 수나 '좋아요'에 휘둘리지 않게 되었습니다.

인류가 해결하지 못한 수학 난제 11개를 풀어낸 수학자 허준이 교수가 〈유 퀴즈〉에 출현해서 했던 말입니다.

'잘하려고 하는 마음이 오히려 일을 망친다.'

작가님이 10분 만에 올리라는 말도 결국 같은 의도였습니다. 10분 만에 올릴 수 있을 정도로 쉽게 올리라는 것이었습니다.

결국 콘텐츠에서 지속성은 생명이기 때문입니다. 꾸준히 해야 계정도 성장하는 법인데, 많은 이들이 저처럼 힘을 주다가 중간에 지쳐서 포기해버리거든요. 거의 98%는 중도에 포기하기 때문에 계정 성장이 멈춥니다. 그러니 매일 올릴 수 있도록 쉽게 해보세요! 쉽게 쉽게 올리는 그 매일 매일이 모여 습관이 될 테니까요! 그러니 힘을 빼고 올리는게 중요합니다. 콘텐츠 반응에 일희일비하면 지쳐서 못하거든요.

계정 성장의 가장 중요한 점은 바로 지속성!

인스타그램이
하기 싫으면
어떡해?

세아들아빠 : 키키, 요즘 인스타 재밌어?

낭만키키 : 아니요….

세아들아빠 : 그래…. 피드가 재미없어 보인다.

낭만키키 : 어떻게 아셨어요? 요즘 팔로워들이 좋아하는 것을 열심
히 만들었는데 '좋아요'가 잘 안 나와서 기운이 없었어요.

세아들아빠 : 그렇게 열심히 만든 피드를 보면 키키는 기분이 좋아?

낭만키키 : 아니요…. 인스타그램을 잘 안 보게 돼요.

세아들아빠 : 1단계를 안 하고 있네.

낭만키키 : 아, 맞네요! 제가 좋아하는 것을 안 올리고 있었네요.

"수능 콘텐츠 또 올려주세요!"

저는 삼수생 시절 국어 성적을 7등급에서 2등급으로 끌어올린 경험이 있습니다. 이 이야기를 콘텐츠로 올리기 시작했더니, 많은 수험생들이 열광했습니다. 입시 공부 팁을 하나씩 정리해 올릴 때마다 팔로워가 하루에 천 명씩 늘어나며 계정은 폭발적으로 성장했습니다. 팔로워 수가 급증하는 것을 보며 신이 났고, 계획에 없던 수능 콘텐츠를 지속적으로 제작하게 되었습니다.

처음에는 제가 겪은 수능 이야기를 통해 수험생들에게 용기를 주고 싶었습니다.

'7등급이었던 저도 2등급까지 올렸으니, 포기하지 말고 끝까지 해보세요!'

이런 메시지를 전하고 싶었지요. 그런데 시간이 지날수록 팔로워들은 더 구체적이고 실질적인 공부 팁을 원하기 시작했습니다. 그래서 국어 공부법에 관한 내용을 하나씩 풀어내며 콘텐츠를 제작했습니다. 콘텐츠를 올릴 때마다 팔로워는 계속 늘어났지만, 한편으로는 의구심이 들기 시작했습니다.

공부 방법을 공유하는 작업이 제게 큰 재미를 주지는 않았기 때문입니다. 처음부터 제가 다루고 싶었던 주제는 아니었으니까요. 그럼에도 제 방법이 누군가에게 도움이 되고, 팔로워들에게 긍정적인 영향을 줄 수 있다는 점에서 뿌듯함을 느끼며 콘텐츠를 이어갔습니다.

그러던 어느 날, 카페에서 노트북 작업을 하고 있는데 작가님이 전화를 걸어오셨습니다.

"네, 여보세요?"

"키키, 요즘 인스타그램 재미있어?"

"어떻게 아셨어요? 요즘 팔로워들이 좋아하는 콘텐츠를 열심히 만들었는데 '좋아요'가 잘 안 나와서 기운이 없었어요."

사실 계정은 여전히 빠르게 성장하고 있었고, 콘텐츠당 평균 1000개 이상의 '좋아요'를 받는 상황이었습니다. 그런데도 재미가 없었습니다. 이유는 간단했습니다. 제가 진정으로 좋아하는 주제가 아니었기 때문입니다.

그때 작가님이 이렇게 말했습니다.

"가장 중요한 건 '내가 좋아하는 것'이야. 남들이 좋아하는 콘텐츠를 만들기 전에, 너 자신이 그 콘텐츠를 좋아해야 해."

제1원칙, 내가 좋아하는 것을 올리자!

그 한마디가 큰 깨달음을 주었습니다. 수능 콘텐츠를 지속하는 것은 제가 원했던 목표와는 거리가 멀었습니다. 제가 되고 싶은 것은 수능 강사가 아니라, 위로와 공감을 전해주는 작가였으니까요.

이후로 저는 다시 제가 좋아하는 주제로 콘텐츠를 제작하기 시작했습니다. 수험생 팔로워들 중에는 공부법을 원했던 이들이 떠나기도 했지만, 여전히 제 이야기를 좋아해주는 분들도 있었습니다. 무엇보다 제가 좋아하는 콘텐츠를 만들면서 다시 기분이 좋아졌습니다.

조회 수를
어떻게
높여?

낭만키키 : 작가님, 조회 수를 어떻게 높여요?

세아들아빠 : 왜 조회 수를 높이려고 해?

낭만키키 : 많은 사람들이 보면 팔로워가 빨리 늘잖아요.

세아들아빠 : 팔로워가 빨리 느는 것보다 좋은 친구를 사귀는 게 더
중요해.

낭만키키 : 그럼, 좋은 친구는 어떻게 사귀어요?

세아들아빠 : '좋아요'와 댓글을 남겨준 친구들과 더 소통해야지.

'100만 뷰 찍었다!'

처음으로 릴스 조회 수가 100만 뷰가 나왔을 때 너무 신났습니다. 나도 100만 콘텐츠를 만들 수 있구나. 놀랍기도 했고 콘

텐츠를 더 잘 만들고 싶다는 욕심이 났습니다. 그런데 어느 순간부터 저는 자꾸 숫자에만 집착했습니다.

조회 수가 잘 나오지 않으면 못 나온 콘텐츠라고 생각했고, 어떻게 하면 도달 수를 높일 수 있을까 고민했습니다. 그러다 보니 팔로워들과 진정성 있는 소통을 하기보다는 새로운 팔로워 유입에만 신경을 썼습니다. 또 그러다 보니 자연스레 제 게시물에 댓글을 써주는 사람들이 줄었습니다.

"팔로워가 빨리 늘긴 했는데, 왜 이렇게 공허하지?"

숫자에만 집착했던 저는 어느새 공허함을 느꼈습니다. 단순히 많은 팔로워들을 모으고 싶었고, 조회 수와 '좋아요'가 많이 달렸으면 좋겠다고 생각했으니까요. 그런데 결국 퍼스널 브랜딩의 본질은 진정성 있는 관계 형성이었습니다. 나를 좋아해주는 사람들과 적극적으로 소통하고 대화하다 보면 자연스레 계정 성장은 이루어지고, 더 나아가 나를 좋아해주는 이들이 제

Tip!

계정 성장의 핵심은 팔로워들과의 진정한 소통!

계정을 주변 사람에게 소개하면서 입소문을 타기도 합니다.

　과거에는 모든 사람들이 내 콘텐츠를 봐주길 바랐지만, 조회수보다 더욱 중요한 건 콘텐츠에 대한 팔로워들의 반응이라는 것을 깨달았습니다.

수익화를
어떻게
해?

낭만키키 : 인스타그램으로 어떻게 수익화를 해요?

세아들아빠 : 첫째는 내가 좋아하는 것을 해야 돼. 그리고 두 번째는

　　　　　　나를 좋아하는 친구들을 찾아야 돼.

낭만키키 : 그럼, 그다음은요?

세아들아빠 : 세 번째는 그 친구들이 원하는 '가치'를 전달해야 돼.

　　인스타그램을 시작하기 전과 후로 저는 돈에 대한 개념이 달라졌습니다. 이전에는 단순하게 '어떻게 돈을 벌 수 있을까?'라는 생각을 했습니다. 추상적인 질문 속에서 저는 답을 찾지 못했습니다.

　　인스타그램을 시작하고 처음으로 수익화를 진행했던 광고

협업에서 저는 30만 원의 광고비를 받았습니다. 그때 처음으로 돈에 대한 개념이 잡혔습니다.

'돈은 내가 줄 수 있는 가치를 전달할 때 돌아오는 것이구나!'

생각해보면 제가 줄 수 있는 가치는 명확했습니다. 팔로워들에게는 제가 경험하고 극복했던 이야기를 통해 자기계발과 동기부여의 힘을 주었고, 자기 성장에 집중하는 팔로워들이 제 계정에 모이다 보니 관련된 서비스를 운영하는 광고주들 또한 저를 필요로 했습니다. 제가 먼저 줄 수 있는 가치를 전달하다 보니 자연스럽게 수익과 이어질 수 있었습니다. 그 이후로 제 주변에 돈을 버는 크리에이터들을 유심히 지켜보았습니다.

뜨개질 크리에이터 '홀리'는 뜨개질을 좋아하는 팔로워들에게 뜨개질 정보를 쉽게 알려주었습니다. 유익한 콘텐츠로 고마움을 느끼는 팔로워들이 '홀리'가 판매하는 뜨개 키트를 구매해주었습니다. 서로가 서로에게 가치를 느끼면서 수익화가 이루어지는 모습을 발견할 수 있었습니다.

수학을 가르치는 'N수구원'은 제 대학 동기였습니다. 압구정 수학 학원에서 강사로 활동했었는데, 인스타그램을 시작하더니 수험생들을 대상으로 온라인 강의를 판매하기 시작했습니다. 자신이 줄 수 있는 가치를 적극적으로 어필하다 보니 점점 수강생들이 많아지기 시작했고, 어느새 대학생 신분으로 월 1800만 원이라는 수익을 발생시키기도 했습니다.

많은 사람들이 인스타그램을 어떻게 돈을 벌지에 대한 생각으로 시작합니다. 하지만 수익화를 하기 위해서는 질문이 달라져야 합니다. 내가 무엇을 줄 수 있는 사람인지, 사람들은 나에게 무엇을 필요로 하는지를 고민해야 하는 거죠. 나는 무엇을 줄 수 있는 사람인가요?

수익화를 하기 위해서 팔로워들이 내게 필요로 하는
'가치'가 무엇인지 발견하자!

2장

부동산 경매 전문가 아빠는
왜 아들에게
인스타그램을 권할까?

강한 자만
살아남는걸까

낭만키키 x 이원일 작가님

@nangmankiki × @dad_n.son

정글에는 사자도 살지만 얼룩말도 살잖아~

헉 그러네요..

강한 것만 가지고 살아갈 수는 없어. 세상은 조화를 이루면서 살아가는거니깐

아빠,
어떻게 살아야
돼?

들 : 아빠, 어떻게 살아야 돼?

빠 : 인스타를 해!

들 : 엥? 부동산을 하라매?

빠 : '한 번뿐인 인생, 하고 싶은 걸 하면서 살아야 된다.' 이게 아빠
　　생각이야.

들 : 그래서 아빠가 부동산 경매로 땅을 사라고 했잖아.

빠 : 아들은 부동산 경매가 하고 싶은 일이야?

들 : 아니, 돈을 벌려고 하는 거지.

빠 : 그럼 돈을 버는 게 하고 싶은 일이야?

들 : 응.

빠 : 돈을 벌어서 쌓아놓고만 있으면 좋은 거야?

들 : 아니지, 돈으로 내가 사고 싶은 걸 사야지. 집도 사고, 차도 사고,

옷도 사고, 여행도 갈 거야.

빠 : 좋아. 아빠가 다시 물어볼게. 아들이 돈을 많이 벌어서 원하는 집에서 자고 일어나서~ 원하는 차를 타고~ 원하는 옷을 산 다음에~ 원하는 곳에 여행을 간다고 해봐.

들 : 오~ 좋네.

빠 : 그 여행 다녀와서 무슨 일을 할 건데?

들 : 돈 버는 일을 해야지.

빠 : 그러니까 돈 버는 일은 하고 싶은 일이 아니잖아.

들 : 그치, 그냥 일이지. 근데 아빠, 인스타도 내가 하고 싶은 일은 아니야.

빠 : 그래 알아, 아들이 아직 하고 싶은 일을 못 찾았다는 거.

들 : 근데 왜 인스타를 하라고 해?

빠 : 인스타그램을 시작해서 하고 싶은 일을 찾을 수 있으니까.

들 : 어떻게?

빠 : 매일 1개씩 피드를 올리는 거야, 3개월 동안.

들 : 3개월 동안?

빠 : 응, 3개월 후에 90개의 피드를 검토해보면 아들이 좋아하는 걸 찾을 수 있어. 나도 모르게 내가 좋은 걸 피들에 올리게 되거든.

들 : 아~!

아들은 카페에서 알바를 해요. 월급 200만 원을 받죠. 카페 알바 일이 싫지는 않지만 인생에서 꼭 하고 싶은 일은 아니래요. 하고 싶은 일은 그림 그리고 피아노 치고 운동 하고 꽃을 보고 옷을 사고… 등등. 하지만 그 일로는 돈을 벌 수 있는 수준이 아니라네요. 그래서 제가 인스타를 하라고 했어요. 그중에 제일 많이 하고 싶은 걸 인스타로 찾으라고요.

그러면 아빠가 그걸로 돈을 벌 수 있는 방법을 알려주겠다고요.

인스타 해서
월 500만 원
벌 수 있어?

들 : 아빠, 인스타해서 월 500만 원 벌 수 있어?

빠 : 벌 수 있기는 한데….

들 : 근데?

빠 : 아들이 고민을 해봐야 돼.

들 : 뭘?

빠 : 지금 하는 카페 알바로 얼마를 벌지?

들 : 월 200만 원.

빠 : 그 일로 500만 원 벌려면 어떻게 해야 돼?

들 : 내가 지금 하는 알바로 500만 원을 벌라고? 그럼 알바 시간을
2배로 늘려야 되는데….

빠 : 가능해?

들 : 아니.

빠 : 아빠가 가능한 방법을 알려줄까?

들 : 응.

빠 : 아들이 그 카페 매출을 10배 올려주면 돼.

들 : 헐~ 내가 어떻게 매출을 10배나 올려?

빠 : 그니까, 고민을 해야지.

들 : 아빠, 그럼 차라리 내가 카페를 하는 게 낫겠네.

빠 : 그렇지. 그런 능력이 있으면 직접 하는 게 낫지. 근데 카페 할 돈
은 있고?

들 : 아~ 아빠도 알면서. 내가 돈이 어딨어.

빠 : 돈도 없지만 매출 10배 올리는 능력도 없잖아.

들 : 아빤 아들 기죽이는 데 뭐가 있어.

빠 : 아들, 기죽지 말고 인스타를 하면서 그 능력을 키워.

들 : 어떻게?

빠 : 인스타 팔로워를 10배 늘리는 고민을 하면 돼.

수입을 2배 이상 올리는 방법이 있을까
요? 없을까요? 없는 줄 알았는데 찾아보니
까 있더라고요. 찾기가 쉽지는 않았는데 찾
고 나니까 어이가 없었어요. 그 방법이 내 주
변에 널려 있었던 거예요. 내가 고민도 하지

않고 '방법은 없다'고 단정하고 있었기 때문에 안 보였던 거죠.

아들도 원하는 것을 얻고 싶다면 고민을 시작해봐요.

노동력 말고
다른 방법으로
돈을 벌자

들 : 아빠, 인스타로 어떻게 돈을 벌어?

빠 : 아들은 알바해서 돈을 벌지?

들 : 응.

빠 : 카페 알바로 커피를 팔면 월급을 받지?

들 : 응.

빠 : 사장님은 왜 아들에게 월급을 주는 거지?

들 : 일했으니까.

빠 : 맞아, 아들이~ 노동력을 팔았기 때문이지.

들 : 아~ 노동력!

빠 : 근데 아들 친구들이 커피를 사 먹을 때 이왕이면 아들이 알바
   하는 곳에 와서 사 먹는다면 사장님은 어떨까?

들 : 좋지. 매상이 오르니까.

빠 : 만약, 아들 친구들이 많아서 하루 매상의 절반 이상이 오른
    다면?

들 : 우와~ 그러면 내 월급도 오를까?

빠 : 당연히 오르겠지. 그때 아들은 노동력 외에 뭘 팔아서 돈을 번
    걸까?

들 : 음… 모르겠는데?

빠 : '인지도'를 판 거야. 친구들이 아들을 신뢰하는 인지도. 연예인
    과 기업들도 브랜드 인지도를 키워서 돈을 벌지. 인스타로 친구
    를 사귀면 아들을 신뢰하는 '인지도'가 커지는 거야.

　　　　　　　　　일을 해서 돈을 버는 게 정말 중요하지
만요, 노동력만으로 지금 시대를 살아간
다면 번듯한 집 한 채를 마련하기 힘들잖
아요. 제가 부동산 경매로 돈을 버는 건 자
본을 이용해서 돈을 버는 거고요, 인스타그램으로 돈을 번다는
건 친구들을 많이 사귀어서 좋은 것을 나누면 돈을 벌 수 있다는
말이예요. 나도 좋고 내 주변도 좋아지는 일로 돈을 번다면 정말
좋겠죠.

　아들도 주변 사람들과 좋은 것을 나누며 살길 바랄게요.

아들, 돈은
그렇게 버는 게
아니야

빠 : 아들, 돈은 그렇게 버는 게 아니야.

들 : 그럼 어떻게 벌어?

빠 : 생활비는 노동을 해서 벌고, 자본금은 사업을 해서 벌고, 여윳돈
은 투자를 해서 버는 거지.

들 : 뭔 소리야?

빠 : 아들은 지금 돈을 어떻게 벌고 있어?

들 : 카페에서 일해서 벌지.

빠 : 얼마 벌어?

들 : 200만 원.

빠 : 그 돈으로 뭘해?

들 : 저금 100만 원 하고 생활비 하지.

빠 : 그게 노동으로 생활비를 버는 거야.

들 : 아닌데, 저금도 하는데.

빠 : 그래, 아빠도 알아. 너무 대단해, 하지만 그렇게 한 달에 100만 원씩 모아서 부동산 투자를 할 거잖아.

들 : 그렇지.

빠 : 힘들지 않아?

들 : 힘들지.

빠 : 그러니까 부동산 투자할 자본금은 사업으로 벌어야 돼.

들 : 사업으로 벌면 어떻게 되는데?

빠 : 월급보다 많은 수입을 만들어서 자본금을 빨리 모으는 거지.

들 : 어떻게?

빠 : 어떤 사업을 할 지는 아들이 정해야지. 아빠는 아들이 좋아하는 일로 사업 하기를 바라지.

들 : 그래서 인스타를 하라고 하는 거야?

빠 : 그렇지. 아들이 좋아하는 그림을 그리고, 친구들을 많이 사귀고, 그 친구들에게 아들이 갖고 있는 가치를 전달하는 사업을 하면 되는 거지.

들 : 그러면 나의 가치가 돈이 되서 돌아온다는 거지?

빠 : 맞아.

들 : 그렇게 사업을 해서 번 돈은 노동을 해서 번 돈보다 많으니까 자본을 빨리 모을 수 있다는 거고?

빠 : 그렇지.

들 : 그 자본으로 부동산 경매를 하면 여유있는 돈을 번다는 거고?

빠 : 맞아.

42살에 처음 돈을 벌려고 수련장을 맡아서 운영을 했어요. 한번 하면 열심히 하는 성격이라 금방 돈이 벌릴 줄 알았죠. 결국 월급받는 원장은 수익에 한계가 있었기 때문에 개인 명상원을 차렸어요. 사업을 시작한 거죠. 그래도 자본금은 못 벌었어요. 명상원을 도와주던 실장님이 말했죠.

"원장님은 여기서 돈 못 버세요."

"왜요?"

"돈 받을 생각을 안 하고 가르치는 것만 하시잖아요."

정신이 퍼뜩 들었죠. 명상원을 접고 경매 교육을 시작했죠. 경매 선생님이 잘 가르쳐주셨고 같이 경매하는 동생들이 잘 도와줘서 경매 교육 사업은 잘 성장했어요. '자본금'을 번 거죠. 그 자본금으로 부동산 경매를 하고 그렇게 투자한 자산의 가치가 증가해서 아들에게 언제든지 가격을 걱정하지 않고 식당에서 밥을 사 줄 수 있는 생활을 하고 있어요.

　무일푼으로 시작해서 8년 만에 21억 자산을 만든 저의 부동산 경매 이야기는 아들에게도 전하고 있는데, 아들이 노동 소득보다는 사업 소득에 더 관심을 가졌으면 해요. 그 사업은 좋아하는 일로 시작하고요.

지금 하는 일을
당장 그만두어야
할까?

들 : 아빠, 카페 알바를 그만 두고 인스타를 할까?

빠 : 카페 알바를 하면서 인스타를 해야지.

들 : 지금 그렇게 하고 있어.

빠 : 잘하고 있네.

들 : 근데 아빠가 인스타만 하면서 돈 벌 수 있다고 했잖아.

빠 : 그랬지.

들 : 그니까~ 인스타만 하면 어떨까? 해서 물어보는 거야.

빠 : 아들이 카페에서 일하고 얼마 벌어?

들 : 월 200만 원.

빠 : 인스타로는?

들 : 0원.

빠 : 인스타해서 월 200만 원 이상 벌면 카페를 그만둬도 되지.

들 : 아는데… 인스타로 언제 200만 원 벌 수 있는데?

빠 : 아들이 인스타에서 200만 원의 가치를 사람들에게 나눠 줬을 때 버는 거지.

들 : 아빠~ 쉽게 좀 얘기해봐.

빠 : 카페에서 아들은 어떤 가치를 주고 월 200만 원 받아?

들 : 그냥… 일 하지.

빠 : 그니까~ 200만 원이 되는 가치를 카페에 줬기 때문에 돈을 받는 거잖아.

들 : 그치… 나의~ 노동력?

빠 : 맞지, 아들의 노동력을 카페에 주고 월 200만 원을 받는 거지.

들 : 근데 내가 인스타에서 노동력으로 200만 원을 받을 수는 없잖아.

빠 : 맞아, 노동력 말고 다른 가치를 팔로워들에게 나눠 주고 돈을 벌라는 거지.

들 : 그 가치를 뭔데?

빠 : 인스타 하면서 그걸 찾아야지. 아들이 나눠 줄 가치!

저도 아들처럼 사업을 시작할 때는 오로지 사업에만 집중해야 한다는 생각을 했어요. 사업을 쉽게 생각하면 안 되고

준비를 철저하게 해서 한 번에 꼭 성공해야 한다고 생각했지요. 그래서 시작을 못하고 지나간 시간들이 많았습니다. 지금 생각해보면 너무나 아까운 시간이에요.

왜냐면 사업 성공자들의 말을 들어보면 한 번도 사업을 해보지 않은 사람이 '쨍' 하고 나타나서 그 업계에 성공자가 되지 않는다는 거예요. 아무리 준비를 철저히 해도 빈틈이 항상 있기 때문이죠. 그 빈틈을 메꾸는 방법은 실행을 여러번 하는 거래요. 계획과 준비를 철저히 해도 실행할 때 생기는 현실의 난관들은 겪어보지 않고 생각으로 해결할 수는 없는 거라면서요.

성공자들은 본인이 하던 일을 열심히 해서 실력과 매출이 성장하면 그에 걸맞게 스스로 변화하면서 사업을 키운 거예요. 업종이 다르다고 해도 실패하는 사업에서 배운 노하우를 새로운 사업에 적용해서 성공하는 거죠. 그래서 하는 말이 '지금 하던 일을 멈추지 말고 하면서 남은 시간을 쪼개서 사업을 시작해' 라고 해요. 저도 아들에게 하고 싶은 말이에요. 카페 일을 하면서

인스타를 시작하면 되는 거죠.

제가 생각하는 사업은 가치 있는 일을 하는 거예요. 내가 가지고 있는 것들 중에서 남들에게 가치 있는 것을 나눠 주고 돌려받는 것이 '돈'이고 그 일이 사업인 거죠.

이 생각 이후로 제가 신경쓰는 것은 나의 가치를 높이기 위한 생각과 말과 행동입니다. 아들도 자신만의 가치를 찾길 바라고요.

3만 유튜버 접고
지금은 인스타그램 하는
이유

들 : 아빠는 유튜브 구독자가 30000명인데 왜 인스타를 해?

빠 : 인스타가 소통하기 좋아서.

들 : 무슨 소통을 하는데?

빠 : 아빠가 좋아 하는 일은 '아들에게 전하는 글'을 쓰는 일인데,
그 일을 좋아해주는 사람들이 생겼어.

들 : 그 사람들과 소통을 하는 거야?

빠 : 응.

들 : 그 사람들이 팔로워야?

빠 : 그렇지.

들 : 그럼 팔로워들이 좋아하는 이야기를 하는 거야?

빠 : 맞아. 하지만 내가 해야 할 일이 2가지 있어.

들 : 뭔데?

빠 : 일단은 내가 좋아하는 것을 꾸준히 하는 거야.

들 : 그건 쉽잖아. 내가 좋아하는 일로 인스타를 시작했으니까.

빠 : 그랬는데 팔로워가 많아지니까 내가 좋아하는 것보다 팔로워들
이 좋아하는 걸 하게 되더라고.

들 : 아~, 팔로워가 많아지면 남들에게 휘둘리는 거네~ 두 번째는
뭐야?

빠 : 이단은 팔로워들에게 도움이 되는 얘기를 하는 거야.

인스타 친구가 댓글로 응원해주는 말들이 정말 힘이 됐어요.
인스타를 시작할 때, 아들과의 사소한 일들을 공개한다는 게 많
이 꺼려졌거든요. 제 개인적인 얘기를 꺼내는 것도 불편했고요,
아들들의 사생활도 불편해지면 어쩌나 걱정이 많았어요. 하지
만 저와 아들의 모습을 보면서 도움이 됐다는 말씀과 응원에 눈
시울이 따뜻해졌어요.

아들도 따뜻한 사람들과 세상을 살아갔으면 해요.

인스타 팔로워가 1000명,
왜 더 이상
안 느는 거야?

들 : 아빠, 인스타 팔로워 1000명에서 멈췄어.

빠 : 그래서 우리 아들 재미가 없나?

들 : 응, 재미가 없어.

빠 : 아들이 왜 인스타를 시작했지?

들 : 돈 벌려고 시작 했지.

빠 : 아니지. 정확히 말해서 좋아하는 걸로 돈을 벌려고 한 거지.

들 : 맞아, 내가 좋아하는 그림을 그려서.

빠 : 지금도 매일 좋아하는 그림을 그리나?

들 : 응.

빠 : 그럼 재밌겠네? 처음 시작할 때처럼.

들 : 아니야, 팔로워가 안 느니까 재미가 없어.

빠 : 알겠다, 팔로워가 늘지 않는 이유를.

들 : 왜? 그 이유가 뭔데?

빠 : 인스타 시작할 때는 그림 그리는 걸 좋아했는데, 지금은 팔로워 느는 것만 좋아하니까.

좋아하는 일~ 하고 싶은 일을 하면서 돈을 버는 거, 너무 좋죠. 제가 20대일 때, 1990년대에는 그런 방법이 별로 없었던 거 같애요. 요즘 인스타를 하면서 느낀 점은 SNS를 이용해서 돈을 버는 아들 또래의 친구들이 대단하다는 거예요. 하고 싶은 것을 하면서 친구들도 사귀고 활동 범위도 넓히니까요. 하지만 원래 좋아했던 것을 잃어버리면 주변 사람들도 알맹이가 없어졌다는 걸 금방 아는 거 같아요.

아들이 좋아하는 일을 잃어버리지 않았으면 해요.

맞팔 하지 말고
진짜 내 친구를
만들어야 해

들 : 아빠, 인스타 할 때 맞팔을 꼭 해줘야 돼?

빠 : 아니.

들 : 그래도 맞팔을 해야 팔로워가 빨리 늘지 않을까?

빠 : 맞팔하면 좀 빨리 늘겠지.

들 : 근데 왜 아니래?

빠 : 아들은 인스타를 왜 하는데?

들 : 아빠가 돈 벌 수 있대서.

빠 : 하하하~

빠 : 그치, 돈 벌 수 있지. 아빠가 인스타 해서 어떻게 돈 벌 수 있다고

했는데?

들 : 좋아하는 일을 해서.

빠 : 맞아. 좋아하는 일을 해서 돈을 벌 수 있지. 그럼, 아들이 좋아

하는 일은 맞팔이야?

들 : … 그건 아니지…

빠 : 그니까 맞팔을 할 필요 없지, 대신에 좋아하는 일은 뭔데?

들 : 그림 그리기.

빠 : 인스타에서 그림 그렸더니 뭐가 좋아졌어?

들 : 친구가 생기는 거 같아.

빠 : 그 친구와 맞팔하면 좋아? 안 좋아?

들 : 좋지.

빠 : 맞팔은 그렇게 해야지.

＊맞팔 : 서로 팔로우 하는 것　　＊인친 : 인스타 친구

　100일 전에 인스타를 시작한 아들은 여러 가지가 궁금해요. 저도 인스타그램 처음 할 때 많이 궁금했던 질문들이에요. 그땐 친하지 않아도 맞팔 많이 했어요. 서로 돕는 마음으로 맞팔 하

는 것도 제게 많은 힘이 됐거든요.

　하지만 제가 팔로잉 하는 인친은 7500명이 한계선이잖아요. 인스타에서 더 이상의 인원은 팔로잉이 안 되니까요. 그때 생각이 들더라고요. 내가 만약 맞팔로우를 못 해준다면 나를 팔로우 해주는 사람들에게 미안한 마음이 드는 거죠. 그래서 생각했어요. 나를 팔로우 해주는 인친들에게 맞팔 말고 다른 가치 있는 것을 주어야 한다고요.

　친구를 사귀고 친구와 소통으로 용기와 힘을 얻고 친구들에게 내가 가지고 있는 가치를 전해주는 것. 이렇게 인스타를 하면서 마음도 함께할 수 있는 친구를 찾는 게 맞팔인 거 같아요.

　아들도 인스타로 인생 친구를 사귀길 바라요.

아빠, 인스타 팔로워를
어떻게 9만 명이나
만들었어?

들 : 아빠, 인스타 팔로워를 어떻게 9만 명이나 만들었어?

빠 : 원칙 3가지를 지켰지.

들 : 3가지 원칙이 뭔데?

빠 : 일단, 진실하게 한다. 이단, 꾸준하게 한다. 삼단, 인친과 소통
   한다.

들 : 아~ 어려운 얘기네.

빠 : 뭐가 젤 어려워?

들 : 진실하게 하는 게 어떻게 하는 건지 모르겠어.

빠 : 아들이 친구를 사귈 때 거짓말을 많이 하나?

들 : 아니.

빠 : 그럼 '일단'은 클리어야.

들 : 이단, 꾸준함도 난 어려운 거 같아.

빠 : 우리아들 양치질은 매일 하나?

들 : 아이~ 그럼! 당연하지.

빠 : 그럼 '이단'도 클리어할 수 있는 능력이 있는 거지.

들 : 아~ 내가 친구를 진실하게 사귀고 있고, 양치질을 꾸준히 하는
능력이 있다면 인스타 팔로워 9만 명을 만들 수 있다는 말이지?

빠 : 응, 삼단만 클리어하면.

들 : 인친과 소통하는 건 쉽지 않나? '좋아요'하고 '댓글'만 받으면
되잖아.

빠 : 인친들이 '좋아요'와 '댓글'을 어디에 달아?

들 : 내 게시물과 릴스에.

빠 : 아들이 올린 게시물과 릴스를 보고~ 인친들이 '좋아요'와 '댓글'
을 많이 달고 싶어하나?

'소통한다'는 게 정말 어렵더라고요.
우리는 대부분 일단과 이단을 하면서
살아간다고 봐요. 진실하게 친구를 사
귀고, 꾸준하게 맡은 일을 하면서요.

인스타를 하면서 정말 어려웠던 점은 삼단, 인친들과 소통하
는 거였어요. 미국에서 소통하려면 영어를 배워야 하듯이 인스
타에서 소통하려면 인스타 언어를 배워야 된다고 생각해요.

게시물과 릴스를 만드는 법, 그것들을 편집하는 법, 내것을 알리는 법, 인스타 친구를 대하는 법, 친구들과 댓글, 메시지 하는 법… 등등 어려운 게 너무 많았어요. 하지만 소통하고 싶다는 맘을 버리지 않고 진실하게, 꾸준하게 했더니 인친들이 좋아해줬네요.

아들도 항상 새로운 소통 방법을 배우면 좋겠어요.

인스타 팔로워
하루 만에
1200명 늘었다

빠 : 아들, 아빠 인스타 팔로워 하루 만에 1200명 늘었다

들 : 우와~ 진짜?

빠 : 응.

들 : 와~ 아빠 대단하다!

빠 : ㅎㅎ 아들이 칭찬해주니 기분 좋네. 근데 아빠가 인스타 알려준
     낭만키키는 하루 만에 4000명 늘었어.

들 : 어떻게 해야 팔로워가 그렇게 늘 수 있어?

빠 : 팔로워들에게 정보를 줘야 돼.

들 : 정보만 주면 돼?

빠 : 아니, 정보 주는 건 4단계야. 그 전에 3단계를 거쳐야 돼. 1단계
     는 내가 좋아하는 걸 인스타에 올려야 돼.

들 : 왜?

빠 : 남들이 좋아하는 걸 올리면 재미가 없어지기 때문에 꾸준히 하기가 힘들어져.

들 : 아~ 그렇구나. 2단계는?

빠 : 내가 좋아하는 피드를 올리다 보면 그 중에서 남들이 특히 좋아하는 게 있어. 그걸 올리는 거야.

들 : 그럼, 남들이 좋아하는 걸 찾는 거네~

빠 : 맞는데, 내가 좋아하는 것 중에서 남들도 좋아하는 걸 찾는 거야.

들 : 그다음 3단계는?

빠 : 남들이 나를 왜 좋아하는지 이유를 찾아야 돼. 그다음에 4단계, 정보를 주는 거야.

인스타를 하면서 저에게는 행운이 찾아왔어요. 사람들을 만나는 행운이에요.

아들에게 전하는 글을 쓰면서 책을 만들고 싶었어요. 하지만 어떻게 만들어야 할 지 몰랐죠. 그래서 인스타그램을 보면서 책에 관한 피드를 보기 시작했더니 계속 관련되 피드들이 저에게 '보여지기' 시작한 거예요. 알고리즘 때문이었던 거죠. 인스타를 시작한 초반에는 왜 그러는지 이유를 몰랐죠. 아무튼 책에 관련된 피드를 보면서 팔로우를 하기 시작했고 연결 연결 되면서 관련된 계정들이 보여지기 시작했습니다. 처음엔 책 리뷰 하는 계정만 보였는데 이후엔 작가, 번역가, 출판사, 기획사까지 다양한 계정들을 만나게 되었죠. 특별하게 이상한 계정들이 아니면 대부분 팔로우를 하고 계속 피드를 지켜보고 '좋아요'와 댓글을 달기 시작했습니다.

그 중에 유난히 제 눈에 들어온 계정이 있었는데 바로 양원근 출판에이전시 대표님 계정이었어요. 꾸미지 않은 피드들이 진솔하게 느껴졌거든요. 그리고 사진과 같이 올라온 글들이 정말 좋은 분이라는 걸 말하고 있었어요. '좋아요'와 댓글을 달다가 메시지를 보냈고 양 대표님은 흔쾌히 만남을 허락하셨죠. 원고를 봐주시겠다면서 사무실로 저를 초대하신 거예요. 아무런 대가를 바라지 않고 상담을 해주시고 책의 방향을 잡아주셨죠. 출판사까지 소개해주시면서 아들에게 전하는 글의 첫 책이 발간되었습니다. 무려 5쇄를 찍고 지금도 꾸준히 판

매되고 있는 행운은 인스타그램이 만들어준 만남이었습니다.

내가 좋아하는 것, '아들에게 전하고 싶은 글'을 인스타에 올렸고, 나를 좋아해주는 사람들과 소통하다 보니 그들과 만나게 되고, 그들의 응원을 받게 되니까 활력이 생기고 매일매일이 즐겁고 기대가 되는 거예요. 그 기운이 행운을 불러 온다고 생각합니다. 물론 내가 가진 것들을 필요로 하는 이들에게 나눠 주면서요.

아들도 자신이 좋아하는 일로 친구들을 만나면 좋겠어요.

팔로워
2000명이 떠나도
괜찮아

들 : 아빠, 인스타 팔로워가 왜 2000명이나 줄었어?

빠 : 헤어질 때가 된 거지.

들 : 헐~ 어떻게 그렇게 편안하게 말할 수 있어? 나는 10명만 줄어
도 너무 힘들던데.

빠 : 아빠도 힘들어. 편안하지 않아.

들 : 진짜?

빠 : 응, 하지만~ 모든 만남은 항상 헤어짐이 있기 마련이니까.

처음엔 저도 이렇게 무던하지 못했어요. 팔로워들이 줄어드
는 숫자에 엄청 민감하게 반응했죠. 하지만 인스타를 하는 사람
들 중에 단순 작업으로 팔로워를 사고파는 사람들이 있다는 걸

알았고요. 그 사람들은 기계적으로 팔로우를 했다가 언팔로우를 하더라고요.

또, 진짜로 인친이었다가 언팔을 하는 경우가 있는데요, 이 상황은 어쩔 수 없는 일이라고 봐요. 왜냐면 인스타그램은 내가 좋아하는 것을 같이 좋아하는 친구를 만나는 장소라고 생각해요. 따라서 처음엔 좋아하는 관심사가 같다고 생각했지만 시간이 지나면서 서로의 관심사가 다르다는 것을 알게 되고, 그러면서 자연스레 멀어지는 경우가 있는 거죠. 저도 아들도 사귀던 친구와 시간이 지나면서 자연스럽게 헤어지는 경우가 있는 것처럼요.

헤어짐이 슬프지만 어쩔 수 없는 일이라면 '찐'하게 슬퍼한 후에는 또 다른 만남을 기대해도 좋은 거 같아요.

아들도 그랬으면 합니다.

3장

회사의 월급만 믿지 말고,
인스타그램으로
수입을 만들자

중꺽그마

@nangmankiki

살다 보니 마음 꺾일 일이 많은 것 같다.

노력 대비 성과가 나오지 않을 때도 있고

인간관계에 현타 올 때도 있고

보이지 않는 미래로 불안감이 엄습하기도 한다.

한 번은 꺾이고 싶지 않아서

나의 마음을 외면하며 살았는데

그러다 보니 마음이 아예 부러져버렸다.

그래서 요즘은 그렇게 애쓰지 않는다.

마음이 꺾인다는 것은 내게 주는 사인과 같으니까

잠깐 쉬어가든, 그냥 가든, 뭐가 됐든..

중요한 건 꺾여도 그냥 괜찮다는 마음이야

직업은 한 가지로 안 돼,
원하는 인생을
살고 싶다면

들 : 아빠, 내 친구가 아빠 직업이 뭐냐고 물었어?

빠 : 그래? 왜?

들 : 내 친구가 아빠 인스타를 봤는데 하시는 일이 많다고…

빠 : 아~ 그러네.

들 : 근데 나도 아빠 직업을 정확히 말해주지 못했어.

빠 : 크게 보면, 아빠는 2가지 일을 하지. 첫째는 사업, 둘째는 투자.

들 : 그럼 사업가야?

빠 : 사업보다는 투자가 아빠 적성에는 맞는 거 같애.

들 : 그럼 투자가네.

빠 : 근데 근래에 아빠가 하는 일은 글을 쓰는 거야.

들 : 아~ 작가?

빠 : 응.

들 : 그럼 직업이 뭐야? 딱 하나가 아니네.

빠 : 아들도 직업을 딱 하나만 정하지 마.

들 : 왜?

빠 : 원하는 인생을 살기 위해선 항상 변해야 하니까.

들 : 어떻게 변해야 돼?

빠 : 자본주의 사회에서

　　일단, 생활비 벌고

　　이단, 투자금 벌고

　　삼단, 여유돈 벌고

　　사단, 원하는 대로 사는 거야.

들 : 그게 직업이 바뀌는 순서야?

빠 : 응, 아빠 생각은~

　　직업으로 생활비 벌고,

　　사업으로 투자금 벌고,

　　투자로써 여유돈 벌고,

　　원하는 대로 사는 거지.

　내 인생의 주인이 되려면 일단, 스스로 의식주를 해결해야 되겠죠. 먹을 것, 입을 것, 자는 곳을 만드는 거죠. 이게 직업을 가져야 하는 이유고, 여기서 생활비가 해결되죠. 그 직장에서 열

선생님 저도
할 수 있을까요?

네!

심히 일하면서 꼭 사업 밑천을 만들어야 해요, 종잣돈 말이에요.

이단, 직장을 다니면서 사업을 시작해야 돼요. 직장을 그만 두고 사업을 시작하는 건 모험이기 때문에 생활비를 제한받지 않는 상황에서 사업을 진행해야 하니까요. 이렇게 직장과 사업을 동시에 하는 힘든 시간을 거치고 사업에서 직장 월급만큼의 수익이 생기면 직장을 그만두고 사업에 올인해야 합니다. 생활비 외에 수익을 챙겨서 투자금을 만들어야 해요.

삼단, 그 수익으로 꼭 투자를 해야 돼요. 돈이 나를 위해 일하게 만드는 일이 투자거든요. 나 혼자 돈을 벌면 얼마 못 벌어요. 투자금이 나와 함께 돈을 벌면 여윳돈이 생기는 건 빠르게 진행됩니다. 뿐만 아니라 시간을 얻을 수 있기에 너무 좋지요.

이 3단계 중에 하나라도 쉬운 게 없어요. 하지만 게임처럼 클리어할 때의 쾌감은 살아 있음에 감사할 정도죠.

사단, 투자금이 생활비, 여유돈, 다시 투자금을 버는 단계로 원하는 인생을 살 수 있어요. 제가 볼 때 제일 신경써야 하는 단계예요. 여유롭게 지내다 보면 다시 박 터지게 하고 싶은 게 없어지고요, 먹고살 만 하니까 몸은 늙고 기운이 없어 움직이지 않고 쾌락만 탐하는 위험 상태가 되는 거예요.

　그래서 아들에게 하고 싶은 말은 일단에서 하고 싶은 일로 직업을 삼으라는 말이에요. 생활이 궁핍하더라도, 여윳돈이 안 생기더라도, 투자금이 없어 바쁘더라도, 사단에서 사는 삶을 먼저 살 수 있잖아요.

　그리고 좋아하는 일로 돈을 만드는 방법은 아빠가 알려줄 수 있으니까요.

하고 싶은 걸
하면서
살아!

빠 : 하고 싶은 걸 하면서 살아~

들 : 하고 싶은 게 없으면?

빠 : 나이가 들수록 인생이 재미없어질 거야.

어릴 때 아버지에게 물었던 기억이 나요.

"아빠, 인생은 재밌는 거지?"

아버지는 슬며시 미소를 지으시고는 아무 말도 하지 않으셨어요. 어머니는 저를 낳고 70일 만에 돌아가셨어요. 제 위로는 네 살, 일곱 살 많은 두 형이 있고요. 집에서는 할머니가 저희 삼형제를 키우셨고 아버지는 항상 일을 하셨죠. 30대에 저에게도 아들이 생기면서 그 시절의 아버지를 생각해봤어요. 아마 우리

아버지 인생이 재밌지는 않았을 거 같아요. 말 없는 미소가 그 대답이었겠죠.

아버지가 항상 하고 싶어했던 건 '공부'였어요. 1941년생 아버지는 일제강점기에 태어나 6·25를 거치고 나라가 가난한 시절에 초등학교를 겨우 나오셨대요. 노모를 모시고 어린 삼형제를 키우시느라 당신께서 하고 싶었던 공부를 못 하셨던 아버지. 삼형제 중 막내인 저를 아끼시면서 항상 하시던 말씀이 있으셨어요.

"하고 싶은 건 해야지!"

인자한 미소를 머금은 그 말에 저는 '하고 싶은 걸 해야지'라는 신념이 생겼던 거 같습니다. 나이가 들수록 조금이라도 시간을 내서 하고 싶은 걸 한다면 인생은 재미있어질 거라고 봐요. 아들에게 항상 하는 말이지만, 제 자신에게도 계속 되뇌는 말입니다.

하기 싫은 일은
억지로
안 해도 돼

빠 : 아들, 싫으면 하지 마.

들 : 그러면 안 될 거 같은데…

빠 : 왜?

들 : 일하기 싫어도 안 하면 안 되잖아.

빠 : 왜 안 되는데?

들 : 돈을 못 버니까.

빠 : 아~ 그럼 일하기를 싫어하는 게 아니네.

들 : 그래? 그럼 내가 뭘 싫어하는 건데?

빠 : 일을 하기 싫지만 그럼에도 불구하고 열심히 일을 하고 있다면

  일하기보다 훨씬 더 싫은 게 있는 거지.

들 : 맞네~ 난 돈이 없는 게 더 싫은 거네.

아들은 카페에서 열심히 일하고 있어요. 그러면서 일하기 싫다고 얘기하죠.

정말 일하기가 싫은 거라면 그만둬도 된다고 생각해요. 제가 억지로 하기 싫은 일을 해보니까 몸에 병이 생기더라고요. 또 그 일 말고도 자신에게 조금 더 알맞은 일을 찾으면 꼭 있더라고요.

아들과 얘기해보니까 아들이 정말 싫어하는 건 따로 있었던 거예요. 돈이 없다는 걸 생각하면 끔찍하다고 말하니까요. '돈이 없는 것'이 싫다면, 반대로 '돈이 있는 것'을 좋아하는 거겠죠. 좋아하는 걸 위해서 싫어하는 일 하는 건 스스로를 칭찬할 일이죠.

하지만 저도 스스로를 칭찬해서 뿌듯한 감정을 느끼기보다는 하기 싫은 일로부터 답답한 감정을 느끼는 시간이 더 많았던 거 같아요.

아들도 이런 시간이 필요하겠죠.

그렇다. 마음은 애써 먹는게 아니다.
마음 먹으려고 노력해도
안 먹어지는게 마음 아닌가

내가 힘들 때, 슬플 때, 기쁠 때
그저 그렇구나..알아주면 된다.

힘들다...!   슬퍼
       수고 했어..
   노력했잖아
아쉽긴 하네   대단해
      화나

사업을 하지 않으면
결국 직장이
널 버릴 거야

빠 : 아들, 꼭 사업을 해.

들 : 왜?

빠 : 원하는 만큼 돈을 버는 가장 좋은 방법이니까.

들 : 그렇다고 직장을 그만두고 사업을 할 수는 없잖아.

빠 : 그렇지.

들 : 근데 왜 사업을 하라고 해.

빠 : 직장을 다니면서 사업을 시작해야 되니까.

들 : 아빠, 그래서 내가 사업을 못 하는 거야. 직장 다니는 것만도
    힘드니까.

빠 : 알아. 그러니까 더 하라는 거야.

들 : 으아…. 도대체 왜 해야 되는데?

빠 : 지금 직장 다니면서 사업을 시작하지 않으면 힘든 직장을 평생

다녀야 되는데, 앞으로는 그런 직장마저도 사라질 거니까.

직장 일이 힘들대요. 그래서 그만두라고 했더니 그러지는 못한다고 하네요. 하기야 아들이 직장을 그만둔다고 해도 아빠가 생활비를 주지는 않으니까요. 1년 동안 모아놓은 돈으로 생활비 하면서 사업을 하라고 했더니 올해 말까지는 다닌다네요. 그리고 시간을 쪼개서 얼마 전부터 사업을 시작하고 있어요.

2030년 이전에
50%의 일자리가
사라질 거야

빠 : 아들, 앞으로 2030년 이전에 50%의 일자리가 사라질 거야.

들 : 그럼, 내 일자리도 없어질까?

빠 : 그럴 확률이 반이지.

들 : 왜 없어지는데?

빠 : 인공지능, AI 때문에.

들 : 아~ AI~ 그럼 무슨 일을 해야 돼?

빠 : 일단 AI를 사용하는 방법을 익히면 할 일을 찾을 수 있지.

들 : 그거야~ 챗GPT 앱을 사용하면 되는 거 아냐?

빠 : 맞아, 하지만 그냥 사용만 하는 사람이 있고, 사용해서 돈을 버는 사람이 있지. 인스타를 그냥 사용하는 사람과 인스타를 사용해서 돈을 버는 사람이 있듯이.

**그러니 우리 모두 AI에 대체되는 사람이 아닌
무기로 활용하는 사람이 되자!**

나 도와줘!

ㅇㅋ

10여 년 전에 스마트폰이 생기고 세상이 뒤바뀌었죠. CD, 카메라, 컴퓨터, 텔레비전 들이 스마트폰 안으로 들어와 버렸어요. 이때 세 종류의 사람이 생겼죠.

일자리가 없어지는 사람들, 스마트폰 사용만 하는 사람들, 스마트폰으로 돈을 버는 사람들.

AI, 인공지능은 더 많은 변화를, 더 빠르게 가져올 거래요~ 새로운 걸 빠르게 배우는 능력이 미래에 부자가 되는 데 엄청 중요하대요.

아들도 항상 새로운 변화를 돈으로 만들면 좋겠어요.

나,
잘 살 수
있을까?

들 : 아빠, 나… 잘 살 수 있을까?

빠 : 그럼, 우리 아들 잘 살 수 있지.

들 : 근데 난… 왜 잘 살 수 없을 거 같지?

빠 : 그래? 왜?

들 : 그냥… 매일이 똑같은 거 같아서.

빠 : 뭐가 똑같은데?

들 : 매일 출근하고 퇴근하고 게임하고 친구 만나고 밥먹고 잠자고…

빠 : 인스타도 하잖아.

들 : 그치. 매일 인스타에 그림 올리고 있지.

빠 : 경매하려고 돈도 모으고 있잖아.

들 : 응. 돈도 모으지.

빠 : 그러니까 매일 똑같은 건 아니잖아?

들 : 근데… 그냥 지치고 힘들고 재미없고 그런 거 같애.

빠 : 아~ 그건 잘 가고 있어서 그런 거야.

들 : 잘 가고 있다고?

빠 : 응. 하려고 하는 일을 꾸준히 잘하기 때문에 지치고 힘들고 재미
없고 하는 거지.

들 : 꾸준히 잘해서 지치고 힘들다고?

빠 : 아들이 처음 자전거 배울 때 재미있었지?

들 : 처음 배울 때는 재밌었지.

빠 : 지금도 자전거 타는 게 그때처럼 재밌어?

들 : 아니지, 지금은 재미로 타지는 않지.

빠 : 그럼 언제 타는데?

들 : 햄버거 먹으러 갈 때 타지.

빠 : 자전거 타면 몇 분 걸려?

들 : 10분.

빠 : 40분 걸려도 타고 갈 거야?

들 : 버스가 없다면 타고 가야지.

빠 : 자전거 타고 가는 중간에 지치고 힘들고 재미없지 않을까?

들 : 그렇겠지.

빠 : 그래도 햄버거 먹으러 갈 거지?

들 : 가야지.

빠 : 지금 매일매일이 지치고 힘들고 재미없는 것도 자전거 타고 가

는 것과 같은 거지.

10대 때부터 40세가 될 때까지 정말 힘들었어요. 날씨가 너무 너무 좋은 날에 하늘을 보면 이상하게 눈물이 나왔거든요. 이렇게 좋은 세상에서 항상 나만 혼자 버려진 느낌이 들었기 때문에요. 그래서 세상이 싫고 사람이 싫었어요. 그런데 가장 싫은 걸 발견했죠. 나 자신이었어요. 따지고 봤더니 싫다고 말할 자격도 없었거든요. 40이 넘은 후에서야 그런 힘든 시절이 자전거 타고 지나가던 시간이란 걸 알았죠.

아들도 지치고 힘들고 재미없는 시간이 지나갈 거예요.

1년에 1만 명 팔로워 만드는 4단계 실행 방법 따라 하기

좋아하는 일로 돈을 벌 수 있을까?

시급 30만 ..!?

@nangmankiki

인스타툰을 시작한 후
수많은 크리에이터 친구들을 만났다.

그들은 자신이 좋아하는 일을 콘텐츠로
만들어 다양한 기회를 창출하고 있었다.

이 과정을 지켜보며 깨달았다.

좋아하는 일로 수익을 올리는 비결은 바로
소비자에서 생산자로 변하는 것이라는 것을.

지금은 콘텐츠의 시대다.

지하철에서는 모두 숏폼 영상을 보고,
어르신들까지 SNS를 즐기는 시대.

나는 단순히 인플루언서가 되기 위해
콘텐츠를 만드는 것은 아니다.

단지 내가 원하는 인생을 만들어가기
위해 인스타툰을 그리며 도전하는 것.

내가 좋아하는 일을 통해 콘텐츠로
만들다보면 다양한 기회가 찾아온다.

사회가 요구하는 인생이 아닌
좋아하는 일로 돈을 벌고 싶다면..

작게 한번 도전해보자!

모든 특별함은 '굳이' 안 해도
되는 사소한 일에서부터 시작되니까

1년에 1만 명 팔로워 만드는 실행 방법 4단계 따라 하기

목적 : 내가 인스타를 하는 구체적 이유를 1개의 짧은 문장으로 정리

목표 : 1년 안에 1만 명 팔로워 만들기				
1단계 [나 좋아]	2단계 [남 좋아]	3단계 [왜 좋아]	4단계 [공유해]	수익 창출
3개월 총 90일	3개월 총 180일	3개월 총 270일	3개월 총 360일	구매 전환률 : 1% 예) 1만 명 1% → 100명 내 상품, 공동 구매, 굿즈… 강의, 책 쓰기, 모델, 협업, 협찬 광고
아무거나 올린다	내가 좋아하는 것을 올린다	2분기에서 찾은 남이 좋아하는 것을 올린다	남들이 나를 좋아하는 이유에 대한 정보를 전달한다	
1일 1피드				
업로드 10분 이내	프로필 셋팅	프로필 확정	저장/공유가 일어나게	
	컨셉	컨셉 확정		
90개의 게시물 중에서 내가 좋아하는 것을 찾는다	90개의 게시물 중에서 남들이 좋아하 는 것을 찾는다 ('좋아요' 수와 댓글 수가 많은 것)	남들이 나를 왜 좋아하는지, 그 이유를 찾는다	수익 창출 방법을 구상한다	
목적 : 구체적 1개 문장				

나 좋아

먼저
아무거나 올리면서
내가 진정으로 좋아하는 것을 찾습니다.

이를 통해
내가 무엇에 열정을 가지고 있는지
알아볼 수 있어요.

1단계 [나 좋아]

①

업로드를 10분 안에
하라고요?

세아들아빠 : 릴스를 올리든 게시물을 올리든 10분 안에 올리라고.

낭만키키 : 10분이면 시간이 부족한 거 같은데요…

세아들아빠 : 왜 시간이 부족해?

낭만키키 : 뭘 올릴지 생각만 해도 10분이 지나버릴 거 같으니까요.

세아들아빠 : 맞아. 그래서 생각을 많이 하지 않는 거, 고민이 많이 되
지 않는 거, 시간이 많이 걸리지 않는 거를 올리라는 거야.

낭만키키 : 왜 꼭 그래야 되는데요?

세아들아빠 : 키키가 지금 인스타를 시작하면 최소 몇 년을 할 거야?

낭만키키 : 음… 1년 이상 해야 하지 않을까요?

세아들아빠 : 맞아, 하루에 1개의 피드를 1년 이상 매일 업로드하는
건 생각보다 훨씬 어려운 일이지.

낭만키키 : 그래서요?

세아들아빠 : 인스타를 처음 하는 사람은 업로드 시간이 많이 걸리면 100% 중간에 포기하게 되거든.

인스타그램을 시작할 때 가장 주의해야 할 점은 무엇일까요? 바로 힘 빼기입니다. 인스타툰을 시작한 지 얼마 되지 않았을 때 저는 다른 작가들과 함께 의욕을 다지기 위해 한 커뮤니티 톡방에 들어간 적이 있었습니다. 열정 가득한 작가님들은 서로를 응원하면서 열심히 콘텐츠를 올렸습니다.

"작가님은 콘텐츠 하나 만드는 데 얼마나 걸리세요?"

"저는 거의 5시간이나 걸려요."

다들 너무 진심이었습니다. 그런데 지나친 의욕이 화를 불러온 것이었을까요? 톡방에 있던 작가님들 중 지금까지 콘텐츠를 올리시는 분들은 안타깝게도 10%도 되지 않습니다. 의문이었습니다.

'저렇게 열심히 하던 사람들이 왜 꾸준히 하지 못할까?'

너무 잘하려고 하면 오히려 효율이 나지 않을 때가 있는 것 같습니다. 특히나 시작할 때는 힘 빼기가 더욱 중요합니다.

제 인스타툰을 보면 간혹 사람들이 처음부터 잘했다고 생각하기도 합니다. 하지만 저 또한 볼품없는 과거들이 있었습니다. 가독성이 떨어지고, 사람들의 공감을 사지 못하는 콘텐츠도 만들었지만 완벽하려는 마음을 비우고 그 속에서 부족한 점을 찾아 계속 피드백을 해 나가다 보니 점점 발전할 수 있었습니다. 1년 넘게 인스타툰을 그리면서 저는 늘 다짐합니다!

'힘 빼고, 편하게 하자.'

이 마음가짐 하나로 콘텐츠를 만들다 보니 부족한 모습을 보여도 스스로에게 크게 실망하거나 자책하는 일이 적었습니다. 처음부터 잘하는 사람이 있을까요? 지금 잘하는 것 같은 사람들도 모두 0에서부터 시작했다는 것을 잊지 마세요.

1단계 [나 좋아]

②

나는 사진이나 영상을 멋있게 찍지 못해

낭만키키 : 인스타는 멋진 사진이나 영상을 올려야 하잖아요.

세아들아빠 : 왜 꼭 멋진 사진을 올려야 돼?

낭만키키 : 그래야 사람들이 많이 보잖아요.

세아들아빠 : 그럼 평범한 사진이나 영상을 올린 사람은 팔로워가 없나?

낭만키키 : 그건 아니지만…

세아들아빠 : 키키는 학교 다닐 때 항상 멋진 학생이었나?

낭만키키 : 아니요, 평범했어요.

세아들아빠 : 그래도 친구가 있었지?

낭만키키 : 네.

세아들아빠 : 인스타에서 그런 친구들을 찾는 거야. 내가 멋지지 않아도 나를 친구로 생각하는 사람이 나의 팔로워야.

매력적인 콘텐츠의 특징 중 하나는 바로 '솔직함'입니다. 인스타그램을 시작하다 보면 자꾸 완벽한 모습을 보여주고 싶은 마음이 듭니다.

'현실 속 나는 완벽하지 못한데, 이런 나를 알면 사람들이 떠나겠지?'

저 또한 이런 생각을 종종 했습니다. 성공적인 대학 입시를 통해 많은 팔로워가 모이다 보니 그 이후에도 또 다른 성공을 보여주어야 할 것 같은 강박이 생겼습니다. 그런데 그건 제 착각이었습니다. 제 팔로워들은 제 성과가 아닌 이야기에 집중하고 있었습니다.

실패했지만 도전했던 이야기, 과정에서 겪었던 어려움에 대한 이야기, 고민과 방황 속의 이야기… 별거 아닌 것 같았던 제 이야기에 사람들은 공감하고 열광했습니다.

"키키님, 저도 그런 적 있어요!"

팔로워 : 내 컨텐츠를 통해 나를 좋아하게 된 친구

봉준호 감독은 '가장 개인적인 것이 가장 창의적인 것이다' 라고 말했습니다. 완벽한 모습을 보여주려고 애쓰지 마세요. 부족하더라도 성장하는 모습, 지금의 있는 그대로의 나를 보여 주는 것만으로도 충분합니다. 솔직한 나를 용기 있게 드러냈을 때 내 이야기에 공감하는 사람들이 더욱 많이 모일 테니까요. 내가 생각하는 약점은 더 이상 약점이 아닙니다. 나의 약점이 콘텐츠가 될 때 당신만의 유일한 이야기가 시작되니까요.

③

1일 1피드,
끈기 있게 못 하겠어

낭만키키 : 작가님, 끈기를 어떻게 길러야 돼요?

세아들아빠 : 끈기를 기르기는 힘들어.

낭만키키 : 헐, 그럼 어떡해요?

세아들아빠 : 끈기 있게 할 수 있는 대상을 찾아야지.

낭만키키 : 대상이요?

세아들아빠 : 키키가 남자 친구를 찾는다고 해보자.

낭만키키 : 네.

세아들아빠 : 끈기 있게 남자 친구를 찾아야 될까? 키키가 좋아하는
남자 친구를 찾아야 될까?

낭만키키 : 당연히 좋아하는 남자 친구죠.

세아들아빠 : 좋아하는 남자 친구를 찾았으면 그 친구에게 관심을
갖는 끈기가 필요할까? 아니면 자연스레 끈기가 생길까?

과거 저는 스스로 끈기 없는 사람이라고 생각했습니다. 입시 미술도 고작 한 달 하고 포기했고, 중학생 때 다녔던 수학 학원도 3개월을 못 채웠으니까요. 뭐든지 끈질기게 하지 못하고 쉽게 싫증을 내는 제 모습을 보면서 스스로 실망하기도 했습니다. 그런데 제 이런 생각이 바뀌었던 계기는 바로 다시 도전한 미대 입시였습니다. 중학생 때 포기했던 입시 미술이 계속 생각이 났고, 다시 도전하고 싶었습니다. 스스로 꼭 이루어내고 싶다는 강한 동기가 생긴 뒤로 저는 2년의 입시 끝에 원하는 대학을 합격할 수 있었습니다.

대학에 와서 간혹 재미없는 수업을 드롭하고 F를 받기도 했지만 제가 흥미 있고 관심 있는 주제들은 A+를 받기도 했습니다. 이런 경험을 통해 저는 제가 끈기를 발휘할 수 있는 분야를 찾아야겠다고 생각했습니다.

좋아하는 분야를 기반으로 인스타그램을 시작해야 하는 이유는 무엇일까요?

내가 좋아하는 분야는 남이 시키지 않아도 관심이 가고 스스로 공부하게 됩니다. 전 배달의 민족 이승희 마케터는 자신이 보고 느낀 영감들을 캡처해 사람들에게 공유하는 '영감 노트' 계정을 운영해서 16만 팔로워로 성장시켰습니다. 사색하길 좋아하고 자신의 생각을 기록하길 좋아하는 사람에게 이 계정을 운영하는 것이 힘겨운 일이었을까요? 물론 꾸준히 지속하는 데는 쉽지 않았겠지만 적어도 콘텐츠를 만드는 과정에서는 즐거움을 느꼈을 것입니다. 자신이 좋아하는 콘텐츠를 해야 오래하게 되고, 그 꾸준함이 쌓이면 나만의 차별성이 만들어집니다. 그러니 좋아하는 분야를 콘텐츠에 접목해보세요!

좋아하는 일을 찾은 것만으로도 이미 시작되었으니까요.

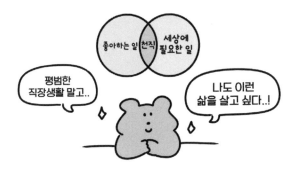

1단계 [나 좋아]

④

목적이 없으면
100% 포기하게 돼

유사범 : 작가님, 인스타로 돈을 벌 수 있나요?

세아들아빠 : 그럼요. 충분하죠.

유사범 : 뭐부터 해야 하나요? 제가 계정은 있거든요.

세아들아빠 : 지금 인스타를 하고 있는 목적이 뭔가요?

유사범 : 목적이요? … 그냥 태권도를 하는 사람으로…

세아들아빠 : 네. 목적은 하나의 문장으로 만들어서 누가 물어보면 곧

바로 입에서 튀어 나와야 해요.

유사범 : 아~

세아들아빠 : 지금 목적을 정해봅시다. 유사범님은 인스타를 통해서

뭘 하고 싶으세요?

유사범 : 성인들에게 태권도를 많이 알리고 싶습니다.

세아들아빠 : 그걸 목적으로 하고 인스타를 진행하시면 됩니다.

8개월 전 '인스타 성장기'를 배우고 시작할 당시 게시물 수 1885개, 팔로워 478명이었다. 꾸준하게 게시물 업로드를 하고 활동을 해도 목적이 뚜렷하지 않다면 팔로워는 늘지 않는다. 유사범님의 목적은 '성인 태권도 활성화'이다. 이 목적을 분명히 하고 '인스타 성장기' 1단계를 실행하면서 본인이 좋아하는 것을 찾았다. 바로 '발차기'다. 그것도 시범 발차기가 아니고 겨루기 발차기라는 것을 알게 된 후 인스타 게시물은 일관성을 띠기 시작했다.

인스타를 시작하고 술과 담배를 끊었다. 생활에 활력이 생겼으며 결혼 전 몸무게로 돌아와 몸이 가벼워졌다. 얼마 전 미국 태권도화 제작 회사에서 협업 제안이 들어왔다. 팔로워들의 반 이상이 태권도를 하는 외국인들이었기 때문일 것이다.

"팔로워가 늘지 않아요."

인스타그램을 하면서 많은 사람들이 가지고 있는 고민 중 하나입니다. 그런데 입장을 바꿔서 한번 생각해봅시다. 내가 만약 타인이라면 내 인스타그램을 팔로우하고 싶을까요? 이 질문에 대해 명쾌하게 설명할 수 있어야 합니다. 이는 곧 목적과도 연결되기 때문이지요. 목적이 명확하다 보면 그에 부합하는 사람들이 더욱 빠르게 모입니다.

3만 인플루언서 '오솔' 작가는 원래 5000명대 팔로워에서 정체되었던 크리에이터입니다. 그런데 20·30의 진로 고민을 콘텐츠로 녹여내면서부터 계정이 빠르게 성장했습니다. '20·30의 진로 고민을 들어주고 조언해주자'는 목적이 명확했으니까요. 사람들은 목적이 명확한 계정에 공감하고 팔로우를 합니다. 이는 곧 팔로우를 해야 하는 정당성과 이유를 부여해주니까요.

Tip!

목적이 뚜렷해야 팔로워가 는다

막상 목적을 정하다 보면 이 목적이 맞는 걸까 고민하기 쉽습니다. 목적은 중간에 달라질 수 있습니다. 좋아하는 게 바뀔 수도 있고, 새로운 관심사가 생길 수도 있으니까요. 중요한 건 변화하더라도 목적을 정하는 것입니다.

1단계 [나 좋아]

⑤

좋아하는 것을 찾았다면
완성입니다

세아들아빠 : 키키는 좋아하는 게 뭐야?

낭만키키 : 그림 그리기요.

세아들아빠 : 확실한가?

낭만키키 : 처음엔 그랬는데 지금은 확실히 메시지를 전하는 게 제가
좋아하는 거예요.

세아들아빠 : 그림 그리기를 좋아했는데 90일 동안 해보니까 그림에
덧붙이는 메시지를 전달하는 게 좋다는 거지?

낭만키키 : 네.

세아들아빠 : 잘했어. 그럼 1단계가 클리어 된 거야. 좋아하는 것을
찾은 거지. 이제부터는 2단계를 시작하면 돼.

낭만키키 : 좋아하는 것을 매일 업로드하면 되는 거예요?

세아들아빠 : 그렇지.

좋아하는 것이 있는 사람들이 부러웠어요. 저는 미대에서 디자인을 전공했지만 생각보다 디자인에 큰 흥미가 없었거든요. 그래서 디자인 작업을 사랑하는 몇몇 친구들을 보면서 '나는 왜 저렇게 못할까' 자책하기도 했습니다.

저도 좋아하는 일을 찾고 싶었어요. 그런데 좋아하는 일은 하루 아침에 찾아지지 않더라고요. 꾸준히 고민하고 하나씩 행동하다 보니 서서히 내가 좋아하는 게 무엇인지 알 수 있었어요. 저는 사람들에게 메시지를 주는 사람이 되고 싶었습니다. 과거 제게 용기 있는 말을 해준 선생님 덕분에 게임 중독에서 벗어날 수 있었거든요. 그래서 저도 그런 사람이 되고 싶었어요. 이걸 깨닫고 나니 너무 행복했어요.

인스타그램을 할 때도 좋아하는 일을 찾는 걸 1단계로 생각하셔야 해요. 내가 애정이 가고 흥미 있는 분야여야 지속할 수 있는 힘이 나오니까요. 3개월, 즉 90일 동안은 하루에 하나씩 피드를 올려보세요. 그럼 분명 그 중에서 마음에 드는 콘텐츠들이 나올 거예요. 내가 올린 피드를 내가 다시 볼 때마다 기분이 좋아진답니다. 만약 콘텐츠를 봤는데 별로 기분이 좋지 않다면 내가 좋아하는 게 아닐 가능성이 높아요. 그렇다면 다른 방식으로도 편하게 콘텐츠를 올려보는 거예요.

1단계에서는 너무 완벽하려고 하지 마세요. 방향성을 잡는 단계이기에 그저 내가 어떤 방향으로 나아가고 싶은지에 대해서

만 답을 얻으면 됩니다. 그럼, 편한 마음으로 오늘부터 1일 1업로드를 시작해볼까요?

1단계 : 내가 좋아하는 것을 찾는다

남 좋아

내가 좋아하는 것 중에서
남들이 좋아할 만한 것들을
찾는 과정이 필요합니다.

내가 좋아한다고 해서
모두가 좋아할 수는 없기 때문에,
남들의 관심을 끌 수 있는
요소를 찾아야 해요.

2단계 [남 좋아]

①

콘텐츠 아이디어는
이렇게 얻는 거야?

춤언니 : 작가님, 인스타 게시물 매일 올리는 거 너무 어려워요.

세아들아빠 : 그래서 좋아하는 걸 올려야 돼요.

춤언니 : 좋아하는 것도 매일 올리는 게 어렵던데요?

세아들아빠 : 어떤 점이 어렵던가요?

춤언니 : '즐겁게 사는 것'이 제가 좋아하는 건데, 이걸 어떤 방법으
로 매일 올릴까요?

세아들아빠 : 매일 매일 즐거운 일이 생기나요?

춤언니 : 매일 즐거운 일이 생기는 건 아니지만… 매일 즐거운 일을
만들 수는 있어요.

세아들아빠 : 오~ 대단한 능력이네요.

춤언니 : 그게 뭐가 대단해요. 그냥 아주 사소한 것들에서 즐거움을
찾는 건데요.

세아들아빠 : 그게 대단한 거예요. 즐거운 일을 만들어서 매일 게시

물을 올리면 돼요.

3년째 인스타를 하고 있는 '춤언니'는 특별한 브랜딩을 하지
않는다. 그런 생각도 없이 그냥 재밌게 인스타를 시작했고 지
금도 재밌게 하고 있다.

본인이 사는 삶에서 즐거움을 찾기 위해 '편안함 나누기' 명상
센터에서 배운 생각과 말과 행동을 하면서 살고 있다. 인생의
주인으로 살아야겠다는 다짐을 하고 즐거운 인생을 살기 위해
노력한다.

50세에 시작한 스페인 전통 춤 '플라멩코'로 세계여행을 꿈꾸
면서 인스타그램으로 전세계 '플라멩코' 친구들을 사귀고 있다.

"이제는 플라멩코 원데이 클래스를 열어 오프라인에서 인친들을 만나고 있어요. 인스타 하기를 정말 잘했네요!"

자신의 삶에 즐거움을 더하는 인스타그램으로 전 세계 친구들을 사귀면서 꿈을 이루어 가는 '춤언니'를 응원한다.

'오늘은 대체 뭘 올리지…'

콘텐츠를 만들다 보면 아이디어가 고갈될 때가 있습니다. 더 이상 할 말이 없는 것 같고, 생각이 안 나기 때문에 고민하는 시간만 길어지죠. 이 문제를 해결하기 위해서는 나를 다시 돌아볼 필요가 있습니다. 나는 무엇을 좋아하는지, 어떤 생각을 주로 하는지 회고해볼 필요가 있는 거죠. 인간관계에 고민이 많은 사람은 '어떻게 하면 더 나은 관계를 만들 수 있지?'라는 고민을 많이 합니다. 그 고민들이 모두 콘텐츠가 될 수 있겠죠. 또 여행을 좋아하고 자주 다니는 사람들은 관련된 정보를 콘텐츠로 만들어낼 수 있습니다.

0에서 1을 시작하는 건 어렵지만, 1에서 10으로 가는 길은 간단합니다. 내가 가지고 있는 1이 무엇인지만 알면 되는 거죠.

그 1만 파악한다면 콘텐츠 아이디어를 찾는 일은 어렵지 않습니다. 사소함에서 아이디어를 얻을 수 있는 방법 몇 가지를 소개해볼게요!

1. 내 휴대폰 검색 기록을 본다

유튜브나 인스타그램 등과 같은 SNS에서 우리는 모든 콘텐츠를 소비하지 않습니다. 내가 좋아하는 것 기반으로 알고리즘이 달라지기 때문에 늘 비슷한 주제들이 뜨기 마련이니까요. 그 속에 힌트가 있습니다. 내가 자주 보는 콘텐츠, 내가 자주 보는 글, 내가 자주 보는 유튜브들이 곧 나의 관심사가 될 테니까요.

2. 일상에서 메모를 한다

저는 인스타툰 기획을 주로 지하철에서 합니다. 지하철에 앉아 가만히 창 밖을 바라볼 때 문득 아이디어가 떠오르거든요. 그럼 아이폰 기본 메모장에 제 생각들을 거침없이 적습니다. 처음부터 완벽하게 적을 필요는 없습니다. 다소 거칠더라도 일단 적어 내려가면 나중에 다듬기가 훨씬 수월하거든요. 콘텐츠 아이디어를 특정 시간에 생각하기보단 일상에서 틈틈이 생각해보는 연습을 해봅시다. 그리고 메모장에 기록해보세요.

3. 내가 자주 쓰는 물건 목록을 적어본다

일상 속에서 자주 쓰는 물건이 있으신가요? 누구는 화장품이 될 수도 있고, 누구는 책이 될 수도 있겠지요. 내가 자주 사용한다는 것은 그만큼 애정이 있는 물건이라는 뜻인데, 그 속에서 나의 관심사를 찾을 수 있답니다. 예를 들어 요리하길 좋아해서 장을 자주 보는 사람이라면 요리 콘텐츠를 만들 수도 있고, 청소 도구를 자주 쓴다면 청소 꿀팁을 알려주는 콘텐츠를 제작할 수도 있겠지요. 지금 한번 방을 둘러보고 내가 자주 쓰는 물건을 확인해보면 어떨까요?

아이디어는 사소함에서부터 출발합니다. 내 작은 행동과 습관에 그 사소함이 묻어 있는 경우가 많지요. 나를 알아갈수록 콘텐츠에 대한 아이디어도 샘솟는 법입니다! 일상 속에서 즐거움을 느끼는 것들을 한번 찾아보자고요.

2단계 [남 좋아]

②

프로필에
얼굴 사진을 올려

세아들아빠 : 키키, 인스타 프로필에 얼굴 사진을 올려.

낭만키키 : 꼭 제 사진을 올려야 하나요?

세아들아빠 : 꼭은 아니지만… 올리는 게 좋은데…

낭만키키 : 저는 제가 그린 그림을 프로필 사진에 넣고 싶어서요.

세아들아빠 : 그것도 좋은 생각이네.

낭만키키 : 근데 왜 얼굴 사진을 올려야 하나요?

세아들아빠 : 인스타그램으로 친구를 사귀려고 하니까.

낭만키키 : 그림만 올려도 인친들이 생기던데요?

세아들아빠 : 그렇긴 하지. 하지만 그림을 보는 인친들이 그림과 친

구가 되진 않지. 그 그림을 그린 사람과 친구가 되는 거지.

낭만키키 : 아~

'왜 저 사람은 매력적일까?'

대화를 하면 할수록 매력적인 사람들이 있습니다. 처음에는 잘 몰랐지만, 점점 그 사람만의 분위기와 에너지를 느낄 수 있죠. 매력적인 사람들은 밝은 미소를 지니고 있다거나, 예의가 바르다거나, 재미있는 성격을 가지고 있다거나, 대부분 긍정적인 에너지를 발산하는 경향이 있어요. 비록 인스타그램은 온라인 공간이지만, 그 안에는 결국 '사람'이 숨어 있다는 점을 기억하세요.

사람들은 단순히 똑똑하거나 전문적인 이유만으로는 마음을 열지 않습니다. 그 사람의 인간적인 면이 느껴져야만 호감이 가고, 친해지고 싶다는 생각이 들죠. 퍼스널 브랜딩에서 프로필에

얼굴 사진을 올리는 이유도 마찬가지입니다. 결국, 이 사람이 어떤 정보를 제공하는지보다, 이 사람 자체가 궁금하다는 마음이 생겨야 호감이 가는 이미지가 될 수 있습니다.

'예쁘고 잘생겨야 한다는 건가?'

저도 처음에는 이렇게 생각했어요. 하지만 외모만을 말하는 건 아닙니다. 중요한 건, 인스타그램 속에서 '나'라는 사람이 있다는 것을 어필하는 거죠. 즉, 나의 프로필을 통해 신뢰를 쌓는 것이 핵심입니다. 그러니, 지금 바로 프로필 사진을 한번 바꿔보세요.

[매력적인 프로필 사진의 특징]
① 밝게 웃는 사진
② 화질이 선명하고 얼굴이 잘 보이는 사진
③ 전신보다는 어깨선까지 나오는 사진

2단계 [남 좋아]
③
남들에게 사랑받는
콘텐츠는 이거야

낭만키키 : 작가님, 제 인스타에 댓글이 많이 달렸어요.

세아들아빠 : 오~ 어떻게?

낭만키키 : 제가 수능 공부 준비를 할 때 힘들었던 얘기를 했더니
'좋아요'와 댓글이 많이 달렸어요.

세아들아빠 : 아, 메시지를 전달하다가 키키의 수능 공부 삼수생 시절
이야기를 한 건가?

낭만키키 : 네.

세아들아빠 : 그럼 2단계 클리어다. 인친들이 좋아하는 게시물을 앞
으로 계속 올리며 돼.

낭만키키 : 그렇게 간단한가요?

세아들아빠 : 그렇지, 간단하지. 하지만 여기까지 오기는 간단하지
않았잖아.

낭만키키 : 아~ 그러네요. 1단계 3개월 매일 게시물을 올렸고, 2단계

3개월 동안에도 게시물을 매일 올렸으니까요.

내가 좋아하는 것을 콘텐츠로 올렸다면 그다음은 무엇을 신
경써야 할까요? 바로 인게이지먼트(Engagement)입니다. 2단계에
서는 바로 인게이지먼트를 활용해서 남이 좋아하는 것을 찾아
야 합니다.

[인게이지먼트* 잘 활용하는 방법]

① 평균 조회 수 대비 조회 수를 분석한다.

② 평균 좋아요 대비 좋아요를 분석한다.

③ 시간대에 따라서 언제 반응이 좋은지 분석한다.

④ 어떤 제목과 카피라이팅을 쓸 때 반응이 좋은지 분석한다.

⑤ 저장과 공유가 얼마나 이루어졌는지 분석한다.

⑥ 콘텐츠로 유입된 팔로워를 계산하고 그 이유를 분석한다.

* 인게이지먼트(Engagement)는 주로 소셜미디어에서 사용되는 용어로, 사용자
  가 게시물에 대해 얼마나 활발히 반응하고 상호작용하는지를 나타내는 지표입니
  다. 댓글, '좋아요', 공유, 클릭 등 다양한 형태의 반응이 포함되죠.

인스타그램에서 사람들의 반응에 따라서 남들이 내게 원하는 것을 찾을 수 있거든요.

'좋아요'가 평균 200개였는데 갑자기 500개 넘게 나온 콘텐츠가 있었습니다. 바로 수능 관련 콘텐츠였는데요. 제가 수험 생활을 극복하고 대학에 간 이야기를 하다 보니 사람들이 이 이야기를 좋아한다는 것을 인게이지먼트를 통해 알 수 있었습니다. 남들이 좋아하는 것을 찾기 위해 인게이지먼트를 적극적으로 활용해봅시다!

2단계 [남 좋아]

④

어떤 컨셉으로
할 거야?

낭만키키 : 작가님, 컨셉은 어떻게 정해요?

세아들아빠 : 키키가 하고 싶은 걸 모두 시도해보면 돼.

낭만키키 : 그냥 인스타툰을 그리면서 메시지를 전달하는데요… 다른 방법이 생각나지 않아요.

세아들아빠 : 그럼 남들 따라 하면 돼.

낭만키키 : 그냥 막 따라 해도 돼요?

세아들아빠 : 응, 인스타 보면서 재밌고 자주 보는 게시물이나 릴스가 있나?

낭만키키 : 네.

세아들아빠 : 키키가 그리는 인스타툰을 그 게시물이나 릴스처럼 만들면 되지.

인스타그램을 통해 좋아하는 콘텐츠를 찾았다면, 이제는 컨셉을 명확하게 설정하는 것이 중요합니다. 컨셉을 설정할 때 핵심은 벤치마킹입니다. 벤치마킹(Benchmarking)은 특정 분야에서 성공적인 사례나 표준을 참고하여 자신의 전략을 개선하는 과정이에요. 하지만 벤치마킹을 할 때 많은 사람들이 헷갈려하는 부분이 있는데 바로 '어디까지 벤치마킹할 것인가?'입니다. 때때로 남의 콘텐츠를 그대로 따라 하거나 베끼는 경우가 있는데, 이는 벤치마킹이 아니라 베끼기에 가깝기 때문에 주의해야 합니다. 벤치마킹을 통해 얻을 수 있는 이점들은 다음 두 가지가 있습니다. 3명 정도의 롤모델을 찾아 벤치마킹 해보세요.

1. 인스타그램 방향성 설정

먼저 내가 원하는 분야에서 잘하고 있는 사람을 분석하면, 나만의 방향성을 구체적으로 설정할 수 있습니다. 그 사람의 콘텐츠에서 아이디어를 얻고, 그 안에 내 색을 어떻게 더할지 고민해보세요. 예를 들어, '여의도 직장인이 소개하는 여의도 맛집'이라는 컨셉을 발견했다면, 이 컨셉을 참고해서 '혜화 대학생이 소개하는 종로 맛집'과 같은 나만의 컨셉으로 변형할 수 있습니다. 즉, 무에서 유를 창조하려 하기보단, 이미 사람들에게 인기가 많은 사람을 찾아 그 안에서 변형을 시도해보세요.

2. 콘텐츠 아이디어 발굴

콘텐츠 아이디어 발굴컨셉이 정해지면, 콘텐츠의 방향성도 일관되게 가야 하죠. 콘텐츠 아이디어는 벤치마킹을 통해 얻을 수 있습니다. 유튜브나 인스타그램에서 내가 다루고 싶은 주제를 검색해보고, 기존의 콘텐츠가 어떤 제목을 썼고 어떤 내용을 다루었는지 분석해보세요. 예를 들어, '심리학'이라는 주제를 다뤄보고 싶다면, 이를 유튜브에서 검색해서 어떤 콘텐츠가 잘되었는지 확인하고, 그 콘텐츠에서 어떤 부분을 참고할 수 있을지 생각해보세요. 이렇게 분석한 후, 나만의 이야기나 생각을 더한다면 매력적인 콘텐츠를 만들 수 있습니다!

Tip!

[벤치마킹 하는 방법]

① 내가 가고 싶은 분야에서 이미 잘하고 있는 사람을 찾는다.

② 그 사람의 기존 콘텐츠를 보고 제목과 카피라이팅 아이디어를 얻는다.

③ 그 콘텐츠를 그대로 따라 하는 것이 아니라, 나만의 이야기나 생각을 추가하여 새로운 콘텐츠를 만든다.

2단계 [남 좋아]

⑤

남들이 좋아하는 것을
찾았다면
2단계 완성입니다

낭만키키 : 작가님, 저의 목적을 찾았어요.

세아들아빠 : 뭔데?

낭만키키 : 희망의 메시지를 전하는 강사가 될 거예요.

세아들아빠 : 오~ 좋네. 누구에게 전할 건데?

낭만키키 : 10대와 20대 인친들이요.

세아들아빠 : 희망의 메시지 내용은 뭔데?

낭만키키 : 글세요… 그냥 제가 생각하는 좋은 말들인데요.

세아들아빠 : 목적을 구체적인 한 문장으로 정리해야 돼. 예를 들어,

'방황하는 10대와 20대 친구들에게!' 이런 식으로.

'나는 10·20들에게 희망을 이야기하는 작가가 될 거야.'

인스타그램을 하면서 꿈이 생겼습니다. 제가 10대 때 방황했듯이 저처럼 방황하던 제 또래들에게 힘을 주는 사람이 되고 싶다는 생각이었죠. 처음에는 막연하게 그림으로 돈을 벌고 싶다는 생각에서부터 출발했습니다. 그런데 막상 일러스트를 그리다 보니 재미가 없더라고요. 그래서 나의 이야기를 꺼내보자라는 생각으로 만화를 그렸습니다.

인간관계에 대한 주제, 도전에 대한 주제, 자존감에 대한 주제 등 자기 계발과 관련된 이야기를 에세이의 형태로 하나씩 풀기 시작했고, 때론 심리에 도움이 되는 뇌과학 정보들을 팔로워들에게 전달했습니다. 그랬더니 사람들이 제게 원하는 것이 무엇인지 알 수 있었습니다. 제 이야기를 기반으로 사람들에게 위로를 주고 공감성 콘텐츠를 올리다 보니까 그런 부분에서 저를 좋아해주었습니다.

'아~ 사람들은 내가 극복하고 도전하는 과정을 좋아해주는 거구나!'

남들이 저를 왜 좋아하는지 깨달았습니다. 그 이후에 저는 인스타그램의 목적을 명확하게 설정할 수 있었습니다.

인스타그램에서 목적을 정하는 일은 매우 중요합니다. 내 방향성이 명확해야 다른 크리에이터들을 따라가지 않게 되고 진정성 있게 콘텐츠를 올릴 수 있으니까요! 그런데 이 목적을 한 번에 파악하기는 조금 어렵습니다. 첫째로 내가 무엇을 좋아하는지를 알아야 하고, 둘째로 남들이 내 콘텐츠에서 좋아하는 것을 찾아야 하니까요. 그러니 2단계의 과정을 통해 좀 더 불분명했던 목적을 다시 한번 세워봅시다!

2단계 : 남들이 좋아하는 콘텐츠를 찾자!
이 과정에서 나의 목적을 좀 더 분명하게 해보자!

왜 좋아

> 내가 왜
> 팔로워들에게 사랑받는지,
> 나를 왜 좋아하는지를
> 파악하는 시간입니다.
>
> 이를 통해
> 내 강점이나 특성을
> 정확하게 이해하게 되죠.

3단계 [왜 좋아]

①

내가 좋아하는 거 말고
남이 좋아하는 걸
올리라고?

낭만키키 : 작가님, 내가 좋아하는 걸 올려야 된다고 하셨잖아요.

세아들아빠 : 2단계, '나좋아' 단계에선 그랬지.

낭만키키 : 지금은 3단계라서 남이 좋아하는 걸 올려야 되는 거예요?

세아들아빠 : 그렇지. 내가 좋아하는 것들 중에서 남이 좋아하는 걸 찾았으면 이제부터 남이 좋아하는 걸 올려야 돼. 이게 정말 중요하지.

낭만키키 : 처음부터 남들이 좋아하는 걸 찾아서 올리면 팔로워가 쉽게 늘어나지 않을까요?

세아들아빠 : 그럴 수 있지. 하지만 남이 좋아하는 걸 계속 올리기는 힘들지.

낭만키키 : 왜요?

세아들아빠 : 재미가 없을 테니까. 남들이 좋아하는 걸 올려서 팔로
워가 늘고 돈을 벌 수도 있겠지만, 그 일이 자신에게 행복감을
가져다주지는 않을 거야.

"사람들이 저에게 관심이 없어요."

크리에이터들과 대화를 하다 보면 간혹 위와 같은 고민을 듣습니다. 특히 남들이 원하는 정보성 콘텐츠만 올리는 경우 많이 그랬어요. 2단계에서 남들이 반응하는 콘텐츠를 찾다 보면 어느 순간 그것만 올려야 할 것 같은 강박이 생기기도 합니다. 이럴 때일수록 내가 좋아하는 것을 기반으로 해야 합니다. 남들이 좋아하는 것만 쫓아가다 보면 나는 지워지고 정체성이 흐릿해지거든요. 막연하게 '좋아요'와 팔로워의 숫자를 쫓다 보면 그렇게 되지요.

내가 좋아하는 것을 기반으로 하다 보면 나의 가치관과 진심이 콘텐츠에 묻어나게 됩니다. 사람들은 이런 진정성 있는 콘텐츠에 열광하고 관심을 가지게 됩니다. 남들이 좋아하는 것에 끌려다니다 보면 나의 색깔이 없어지게 되고 언젠가 나보다 더 잘하는 크리에이터에게 대체되겠지요.

내가 좋아하는 것에서부터 다시 시작해보세요. 나다운 콘텐

츠를 쌓아가 보세요. 그 중에서 남들이 좋아하는 것을 찾아보세요. 분명 교집합이 있을 겁니다. 내가 좋아하고 흥미 있으면서 남들에게 유익한 콘텐츠를 만들 때 비로소 나만의 매력적인 콘텐츠가 시작될 겁니다.

좋아하는 일의 기반이 나다움을 만든다

②

첫인상을 결정짓는
닉네임의 힘

세아들아빠 : 키키, 왜 닉네임로 '낭만키키'로 정했어?

낭만키키 : 처음에는 그냥 '키키'였어요.

세아들아빠 : 키키의 뜻은 뭔데?

낭만키키 : 〈마녀 배달부 키키〉라는 애니메이션이 있는데 주인공의
이름이에요.

세아들아빠 : 마녀 배달부가 좋았어?

낭만키키 : 빗자루를 타고 처음엔 잘 못 날았는데, 끊임없이 도전하
는 모습이 마음에 들었어요.

세아들아빠 : 그러면 도전하는 키키네~ 근데 왜 낭만으로 바꿨어?

낭만키키 : 제가 추구하는 가치 중 하나가 낭만인데 저는 도전하는 삶
자체가 낭만적이라고 생각했어요.

세아들아빠 : 그럼 키키가 살아가고자 하는 모든 뜻이 담겨 있네!

어렸을 때는 제 성이 싫었어요. 저는 다소 평범하지 않은 '남 씨'였거든요. 학교에 반 이상은 김 씨, 이 씨, 박 씨 성을 가지고 있었는데 저는 그런 친구들이 부러웠어요. 평범해 보이는게 좋아 보였거든요. 그런데 지금은 제 성이 좋아요.

남 씨는 흔하지 않기 때문에 좀 더 남들에게 각인이 잘되거든요. 얼마 전에 전 다음소프트 부사장 송길영의《시대예보 : 호명사회》라는 책을 읽었습니다. 그 가운데 인상 깊은 문장이 있었어요.

"이제는 누군가가 나를 불러줘야 존재할 수 있는 시대입니다. 존재의 확인은 호명에서 시작됩니다."

현대 사회에서 우리는 서로를 '부름'으로써 관계를 맺고, 존재감을 느낍니다. SNS나 디지털 플랫폼에서도 마찬가지이지요. 그렇기 때문에 이름은 중요합니다. 사람들에게 어떻게 불려지고 싶은지를 정해야 하는 거죠.

그럼 어떤 닉네임이 매력적일까요?《시대예보》에서 힌트를 얻어봅시다.

"호명되지 않을까 두려워하지 말고, 스스로 세상에 자신을 알릴 용기를 가지세요."

결국, 자신을 알리는 행위가 퍼스널 브랜딩입니다. 즉 나를 알리기 위해서는 나는 무엇을 추구하고, 무엇을 좋아하는지를 알아야겠지요. 더 나아가 내가 원하는 목적이 무엇인지 사람들이 알 수 있도록 네이밍에 담아두면 좋습니다.

'세아들아빠'는 아들에게 전하고 싶은 글을 쓰는 사람입니다. 네이밍만 보더라도 아빠의 컨셉을 가지고 있다는 것을 알 수 있죠. 이렇게 직관적이게 사람들이 나를 알아갈 수 있는 닉네임을 지으면 사람들은 나를 호명할 거예요.

[매력적으로 닉네임을 짓는 방법]
① 나의 목적을 닉네임에 녹여내자
② 내가 추구하는 가치를 닉네임에 녹여내자

3단계 [왜 좋아]

③

난 아이패드로
만화를 그릴 거야

세아들아빠 : 키키는 어려운 그림도 아주 잘 그리는데 인스타에선 왜

이렇게 쉬운 그림을 그려?

낭만키키 : 어려운 그림은 제가 원하던 그림이 아니었어요.

세아들아빠 : 그럼 원하던 거는 뭔데?

낭만키키 : 저는 재밌고 단순한 캐릭터를 원했어요.

세아들아빠 : 왜?

낭만키키 : 어렸을 때 스폰지밥을 좋아했는데, 우스꽝스러운 모습을

가지고 이야기하다 보니 몰입이 잘 되더라구요.

세아들아빠 : 아~ 그랬구나. 근데 인스타그램 시작할 때는 어려운 그

림으로 뽐내고 싶은 마음은 없었어?

낭만키키 : 네. 저는 그림을 잘 그리는 사람보다는 메세지를 쉽게 전

달해주는 사람이 되고싶었거든요.

세아들아빠 : 그럼 아주 잘 정했다!

낭만키키 인스타툰

낭만키키 삼수생 시절 그림

기존의 2단계에서 벤치마킹을 했다면 이제는 좀 더 디테일한 컨셉을 설정하는 단계입니다. 저는 막연하게 만화를 그리고 싶다는 생각으로 인스타툰을 컨셉으로 정했습니다. 그러다 보니 자연스럽게 인스타툰 작가들을 찾기 시작했고, 그들의 콘텐츠를 보면서 많은 아이디어를 얻을 수 있었죠. 그런데 어느 순간 저는 더 혼란스러워졌습니다.

인스타툰이라는 카테고리가 너무 넓었기 때문인데요. 그 안에서 다양한 주제로 만화를 올리는 작가님들이 많았기 때문에 저는 좀 더 정교하게 제 컨셉을 찾을 필요가 있었습니다. 우선 캐릭터 같은 경우는 단순한 곰 캐릭터를 활용했습니다. 제가 화려하거나 멋진 사람의 형태보다 귀여운 것을 좋아했기 때문이죠. 그리고 자기 계발을 주제로 콘텐츠를 올렸을 때 사람들이 삶 속에서 도움을 받는 모습을 보면서, 컨셉을 좀 더 명료하게 설정할 수 있었습니다.

내가 좋아하는 것을 찾았다면, 그리고 그 중에서 남들이 좋아하는 것을 찾았다면 이제는 내가 좋아하는 것을 좀 더 디테일하게 파고드는 게 필요합니다. 책을 좋아해서 북스타그램을 하더라도 그 이유는 각기 다를 수 있잖아요. 누구는 궁금한 지식을 얻을 수 있어서 책을 좋아하고, 누구는 마음의 위로를 받을 수 있어서 책을 좋아하고, 누구는 흥미진진한 이야기 자체를 좋아할 수 있듯이요. 내 취향과 내가 좋아하는 것을 디테일하게 찾는 방법을 소개해드릴게요!

1. 내가 부러움을 느끼는 대상과 이유를 생각하기

팔로워가 많다고 해서 모든 인스타툰 작가가 부럽지는 않았어요. 제가 특히 좋아했던 작가는 에세이툰을 그리는 '쑥' 작가님이었는데 자기 내면의 이야기를 담담하게 풀어내는 것을 보고 나도 저렇게 되고 싶다는 생각을 했던 것 같아요. 내가 부러움을 느낀다는 것은 그 속에 나도 저렇게 되고 싶다는 욕망이 있다고 생각해요. 그러니 부러움을 느끼는 대상을 한번 찾아봅시다.

2. 나만의 리스트 작성하기

생각보다 기록의 힘은 대단해요. 머릿속으로 생각만 하는 것
보다 직접 적어보면 나를 더욱 잘 알게 되거든요. 내가 평소 관
심을 가졌거나 흥미를 느꼈던 일을 모두 적어보세요. 그 안에서
이유를 찾고 공통점이 무엇인지 생각하다 보면, 나의 방향성이
좀 더 디테일하게 보일 거예요.

④

나를 좋아하는 팔로워를
어떻게 만들어?

낭만키키 : 팔로워를 어떻게 만들어요?

세아들아빠 : 팔로워는 만드는 게 아니라 찾는 거야.

낭만키키 : 팔로워를 찾는다고요?

세아들아빠 : 응. 나를 좋아하는 친구들을 찾는 거.

낭만키키 : 어떻게 찾아요?

세아들아빠 : 키키는 학교 다닐 때 1년 동안 친구들을 몇 명 정도 사귀

었나?

낭만키키 : 3명 정도 사귀었어요.

세아들아빠 : 같은 반 애들은 전체 몇 명이었는데?

낭만키키 : 30명 정도요.

세아들아빠 : 그러면 10%가 친구가 되는 거네. 우리나라 인스타그램

을 사용하는 사람이 2300만 명이야.

낭만키키 : 와~ 엄청 많네요.

세아들아빠 : 이 중에 10%만 돼도 230만 명이지. 그런데 왜 이들과

친구가 될 수 없을까?

낭만키키 : 그야… 1년 동안 꾸준히 만나지 않아서 아닐까요?

세아들아빠 : 맞아. 그런데 2300만은 만나기에 너무 많고 키키 관심

사하고 다른 사람도 있으니까 230만 명의 사람들만 만난다고 생

각해보자. 그 중에 10%가 친구가 된다면 팔로워가 23만 명이야.

낭만키키 : 와~ 엄청 많네요.

세아들아빠 : 그런데 왜 키키는 23만 명의 팔로워가 없을까?

첫째, 사람들이 키키의 존재를 모르고 둘째, 키키가 관심사를

사람들에게 알리지 않아서 그래.

낭만키키 : 아~ 그럼 학교에 출석하는 것처럼 저의 관심사를 매일 알

리면 되겠네요!

'팔로워'의 개념이 뭘까요? 이전에도 이야기했지만, 팔로워
는 내가 좋아하는 관심사를 같이 좋아해주는 '친구'입니다. 그
렇다면 여기서 고민해봐야 할 것이 두 가지가 있습니다. 바로
나의 관심사를 찾는 것과 이를 좋아해주는 팔로워를 찾아가는
것입니다. 이 중 후자에 대해 좀 더 집중적으로 이야기해보겠습
니다. 결국 우리는 콘텐츠를 통해 새로운 팔로워를 만날 수 있

습니다. 그렇다면 그 사람들이 나의 팔로워가 되기 위해서는 무엇을 고려해야 할까요?

1. 타깃을 명확히 나타내는 콘텐츠를 제작하자

'신혼부부가 꼭 알아야 하는 웨딩플래너 현실'이라는 제목의 콘텐츠를 예로 들어봅시다. '신혼부부'라는 키워드를 제목에 넣었기 때문에 관련된 사람들의 눈길을 자연스럽게 끌 수 있습니다. 사람들은 자신과 관련된 이야기에 귀를 기울이기 때문입니다. 따라서 내가 만나고 싶은 팔로워를 직접적으로 호출하는 콘텐츠를 제작한다면, 그들이 더 빠르게 나에게 관심을 갖게 될 것입니다.

2. 그들이 얻을 수 있는 이득을 제시하자

관심을 가진 사람들이 나를 팔로우하게 만들려면, 그들에게 명확한 '이득'을 제시해야 합니다. 사람은 기본적으로 손해를 보기 싫어하고 이득을 추구하려는 심리가 있습니다. 심리학적으로는 이를 '손실 회피'라고 합니다. 따라서 내가 팔로워가 되었을 때 얻게 될 이득을 명확히 제시한다면, 사람들은 내 콘텐츠에 더 큰 관심을 갖게 될 것입니다. 예를 들어 유용한 팁, 특별한 정보, 혹은 팔로워만 받을 수 있는 혜택 등을 제안하면 효과적입니다.

3단계 [왜 좋아]
⑤

나를 좋아하는 이유를 찾았다면 3단계 완성입니다

세아들아빠 : 세연쌤, 요즘 팔로워 많이 늘고 있네.

세연쌤 : 네. 작가님이 알려주신 대로 하고 있어요.

세아들아빠 : 그래. 3단계를 아주 잘하고 있는 거야. 사람들이 왜 세연쌤을 좋아하는 거 같아?

세연쌤 : 3000만 원 소액을 가진 평범한 애기 엄마가 부동산 경매로 자산을 불려서요.

세아들아빠 : 오케이~ 이제 3단계 [왜 좋아] 남이 나를 좋아하는 이유를 찾았으니까, 4단계로 가즈아!

부동산 경매 유튜버(구독자 6.6만) '월세모닝콜 세연쌤'이 인스타를 본격적으로 시작한 지는 1년 반 정도다.

유튜브 구독자가 있었기에 팔로워들이 빨리 늘었을 거라고 생각하면 오산이다. 구독자 5만 명이었을 때 인스타 팔로워는 500명 정도였다. 어쩌면 인스타 팔로워가 1.2만으로 늘면서 유튜브 구독자들이 더 늘었을 가능성도 농후하다.

'세연쌤'이 인스타 팔로워를 단기간에 늘릴 수 있었던 건 팔로워들이 본인을 좋아하는 이유를 명확히 찾았기 때문이다. 그 '이유'는 부동산 경매로 자산을 늘린 소액 3000만 원을 가진 평범한 애기 엄마라는 사실이었다. 이렇게 '인스타 성장기' 3단계에서 '남들이 나를 좋아하는 이유'를 구체적으로 찾았다면, 4단계로 넘어가서 팔로워 수가 기하급수적으로 늘어난다.

팔로워들이 나를 왜 좋아하는지를 찾는 단계가 바로 3단계입니다. 부동산 경매 유튜버 '월세모닝콜 세연쌤'의 사례를 보면, 구독자 5만 명일 때 인스타 팔로워는 500명에 불과했지만, 본격적으로 자신이 가진 이야기를 명확히 전달하면서 팔로워가 1.2만 명으로 늘었습니다. 이는 곧 유튜브 구독자 증가로도 이어졌지요.

'세연쌤'이 인스타 팔로워를 단기간에 늘릴 수 있었던 이유는 팔로워들이 본인을 좋아하는 이유를 명확히 찾았기 때문입니다. 소액 3000만 원을 가진 평범한 애기 엄마가 부동산 경매로 자산을 늘린 이야기는 팔로워들에게 그녀를 더욱 매력적으로 보이게 만들었던 거죠.

3단계에서 이유를 찾는 것이 중요한 이유는 단순히 팔로워를 늘리는 것을 넘어, 자신만의 정체성과 메시지를 명확히 정립할 수 있기 때문입니다. 이유를 명확히 알게 되면, 내가 만드는 콘텐츠가 일관성을 가지게 되고, 내가 전달하고자 하는 가치가 더 큰 신뢰를 얻게 됩니다. 또한, 나를 좋아하는 이유를 알면 새로운 아이디어를 도출하거나 팔로워들의 니즈를 더 정확히 파악할 수 있어 장기적인 성장을 도모할 수 있습니다.

남들이 나를 좋아하는 이유를 찾는 과정에서 내가 남들에게 줄 수 있는 가치를 발견하게 됩니다. 그리고 그 가치는 팔로워들에게 명확히 전달되어야 합니다. 이렇게 3단계를 구체적으로 정리했다면, 다음은 4단계로 넘어가 팔로워 수를 기하급수적으로 늘리는 전략을 세울 차례입니다.

남들이 나를 좋아하는 이유를 찾아야 일관성이 생긴다

공유해

3단계까지의 이유를 바탕으로
나만의 가치를 발견하고,
이를 저장하고 공유할 수 있는 콘텐츠로
풀어내는 것입니다.

이렇게 콘텐츠가 사람들에게
공유되거나 저장되면,
팔로워들은 점차 내 팬이
되어가죠.

①

나는 가치 있는 사람이 아니야

낭만키키 : 작가님, 저의 가치가 돈이 된다고요?

세아들아빠 : 그렇지.

낭만키키 : 어떻게요?

세아들아빠 : 키키는 예전에 알바로 돈을 벌었었지?

낭만키키 : 네. 알바 많이 했었죠.

세아들아빠 : 그때 키키는 어떤 가치를 줘서 돈을 번 거야?

낭만키키 : 편의점에서 알바할 때는 카운터를 봤어요.

세아들아빠 : 그때 키키의 가치는 노동력인 거야. 그 노동력은 대체될
수 있어, 없어?

낭만키키 : 있어요. 제가 알바를 그만두자마자 바로 새로운 알바생이
오더라구요.

세아들아빠 : 맞아. 노동력은 그렇게 대체될 수 있는 거야. 그래서

시급이 9860원인 거고.

낭만키키 : 아~ 이해됐어요.

세아들아빠 : 키키는 그 가치를 높이고 싶어?

많은 사람이 자신이 가치 있는 사람인지 스스로에게 묻곤 합니다. 그리고 종종 '아니'라는 대답에 이를 때가 많습니다. 나의 가치가 돈으로 환산될 수 있을까? 내가 세상에 어떤 영향을 줄 수 있을까? 이런 의문들은 누구나 한 번쯤 가져보는 고민이지요.

제가 아르바이트를 하며 생활비를 벌었을 때 제 가치는 바로 노동력이었습니다. 편의점에서 카운터를 보고, 음식을 나르고, 고객을 응대하며 시간당 정해진 돈을 받는 것. 하지만 여기엔 한 가지 중요한 점이 있습니다. 이런 노동력은 언제든 대체될 수 있다는 것입니다. 특히나 지금과 같은 AI시대에는 더더욱이요.

그렇기 때문에 나의 가치를 높일 수 있는 다른 방법을 찾아야 합니다. 나는 정말 대체 가능한 사람일까요? 아닙니다. 누구나 자신만의 스토리를 가지고 있습니다. 그 스토리가 곧 나의 경쟁력이 되는 시대이죠. 나의 경험, 내가 걸어온 길, 그리고 내가 만들어가는 이야기는 나만이 가질 수 있는 고유의 가치입니다. 퍼스널 브랜딩은 바로 이 가치를 세상에 알리는 작업입니다. 내가 어떤 사람인지, 무엇을 중요하게 생각하는지, 그리고 세상에 어떤 메시지를 전달하고 싶은지를 말하는 것입니다.

퍼스널 브랜딩을 통해 우리는 노동력이 아닌 영향력으로 돈을 벌 수 있습니다. 영향력은 대체될 수 없습니다. 사람들이 내 이야기에 공감하고, 나만의 특별함에서 가치를 찾기 시작할 겁니다. 혹시 나만의 특별한 이야기가 없다는 생각을 하신다면 걱정하지 마세요. 결국 나만의 차별성은 서사에서 나옵니다. 내가 성장하는 과정을 공유하고 끊임없이 좋아하는 것을 추구하면 나의 가치는 올라갑니다. 그러니 두려워하지 말고 시작해 보세요.

그냥 일단 시작하기.

**어쩌면 명작은
모두 그렇게 탄생했을 지도 몰라.**

4단계 [공유해]
②
팔로워가 1만 명인데
왜 나는 돈을 못 벌까?

낭만키키 : 작가님, 제 그림으로는 돈을 벌 수 없어요.

세아들아빠 : 맞아.

낭만키키 : 작가님~ 저한테 너무 팩폭하는 거 아니에요?

세아들아빠 : 그런가? ㅎㅎ 키키가 알바 해서 돈을 벌었잖아?

낭만키키 : 네, 그랬죠.

세아들아빠 : 알바로 돈을 벌 수 있다고 생각했던 때는 언제야?

낭만키키 : 대학생 때요.

세아들아빠 : 어떻게 돈을 벌 수 있다는 생각이 들었어?

낭만키키 : 친구가 알바 하는 거 보고요.

세아들아빠 : 그 이전에는 돈 벌 수 있다는 생각을 했어?

낭만키키 : 그 전에는 못했죠..

세아들아빠 : 근데, 생각이 왜 바뀐 거야?

낭만키키 : 내 친구가 알바 해서 돈을 벌었다는 얘기를 듣고 저도 '할
　　　　 수 있겠다'라고 생각했지요.

세아들아빠 : 그럼, 지금 인스타로 돈을 벌 수 없다는 생각을 바꾸려
　　　　 면 뭘 해야 돼?

낭만키키 : 아~ 인스타로 돈을 버는 친구를 찾으면 되겠네요.

　저는 인스타그램에서 1만 팔로워가 넘었지만 수익화를 못
하고 있었어요. 한 가지 중요한 포인트를 놓치고 있었거든요.
바로 '돈을 벌고 있는 사람에게 다가가 그 방법을 배우는 것'입
니다.

　어떻게 수익화를 해야 할지 몰라 방황하던 중에 프리랜서 마
케터이자 인스타툰 작가인 '멍디' 님을 알게 되었어요. '멍디' 님
은 페이스북 시절부터 100만 콘텐츠를 터트린 마케팅 전문가
였어요. 저에게 자신을 세일즈하는 방법과 인스타툰으로 수익
화하는 방법을 알려주었죠. 그 덕분에 저도 수익화가 가능해졌
어요.

　돈을 벌기 위해서는 이미 경험이 있는 사람의 조언을 듣고
그들의 방법을 배워야 합니다. 그래서 만약 여러분이 인스타그
램에서 수익화 방법을 몰라 고민 중이라면, 먼저 그런 경험이
있는 사람에게 조언을 구하는 것이 매우 중요한 첫걸음입니다.

만약 어떻게 수익화를 할지 모르겠다면 내가 관심 있는 내용으로 돈을 벌고 있는 사람에게 다가가 질문해보세요! 그게 가장 빠른 방법입니다.

아래는 크리에이터가 수익화를 할 수 있는 몇 가지 일반적인 방법이니 참고해보세요!

1. 브랜드 협찬 및 광고
팔로워가 일정 수 이상이면 브랜드와 협업을 통해 광고를 진행할 수 있어요. 제품이나 서비스에 대해 포스팅하거나 스토리에서 홍보를 하면, 그에 대한 보상을 받을 수 있습니다.

2. 자체 상품 판매
예를 들어, 굿즈나 디지털 아트, 혹은 온라인 코스를 만들어 팔 수 있습니다. 혹은 책을 출간할 수도 있겠지요. 팔로워들이 당신의 브랜드에 공감하고 가치를 느낀다면 구매할 가능성이 커요.

3. 후원 및 팬 기부
팬들이 직접 후원하거나 기부를 통해 크리에이터를 지원하는 방법입니다. 플랫폼에서는 팬들이 좋아하는 크리에이터에게 돈을 지원할 수 있는 기능을 제공하기도 해요.

4. 프리미엄 콘텐츠 제공

유료 구독 서비스를 통해 독점 콘텐츠를 제공하고, 그 대가로 구독료를 받을 수 있어요. 유료 뉴스레터나 인스타그램의 유료 구독 기능을 활용할 수 있죠.

5. 제휴 마케팅

다른 브랜드의 제품을 소개하고, 그 링크를 통해 판매가 이루어질 때 수익을 얻는 방식입니다. 특정 제품에 대한 리뷰나 추천을 통해 수익을 얻을 수 있어요.

Tip!

돈을 벌고 싶다면 이미 좋아하는 일로
수익화를 하고 있는 사람을 찾아가자

4단계 [공유해]

③

저 이번 달에
1800만 원 벌었어요

N수구원 : 작가님, 오늘은 제가 밥 살게요.

세아들아빠 : 오~ 왜?

N수구원 : 저 이번 달에 1800만 원 벌었거든요!

세아들아빠 : 우와~ 너무 잘됐다. 밥 맛있겠다 ㅎㅎ

N수구원 : 사람들이 제가 올린 콘텐츠를 공유하고 저장하더니 팔로

워가 갑자기 늘었어요.

세아들아빠 : 그렇지~ 가치 있는 것을 줘서 그래.

N수구원 : 인스타를 시작하니까 압구정 수학 학원에 일할 때보다 훨

씬 좋은 것 같아요.

1년 전에 인스타를 시작한 'N수구원'은 일찍부터 수익화를 시작했다. 팔로워 1000명일 때 80만 원을 벌었고 3000명일 때 300만 원, 6000명일 때 1000만 원의 수익을 달성했다.

수능 5수 만에 성균관대학교에 입학했는데, 3수까지만 해도 수포자(수학을 포기한 사람)였다. 4수를 할 때 수능 수학 출제자의 의도를 생각해보면서 수학 성적이 오르기 시작했다. 이런 경험을 가지고 수능을 포기한 수험생들에게 인터넷 강의를 만들어 수학 점수를 올려주고 있다.

인스타를 하기 전에 'N수구원'은 강남에 위치한 작은 수학 학원에서 알바로 수능 수학을 가르치고 있었다. 이미 가지고 있는 가치, '수능 수포자 성적 올리기'를 단지 인스타 친구들에게 전달했고 성적이 오른 학생들의 입소문으로 8000명의 팔로워를 확보하게 됐다. 팔로워가 채 1만 명도 안 되는 계정에도 불구하고 수익화를 성공적으로 이뤘냈다.

그 이유는 '자신이 좋아하는 수학(1단계 완성)'을 '같이 좋아하는 친구(2단계 완성)'들과 이야기하면서 '친구들이 자신을 좋아하는 이유(3단계 완성)'를 찾고 '그 친구들에게 가치있는 정보(4단계 완성)'를 주었기 때문이다.

'N수구원'은 1년 전에 인스타그램을 시작하면서부터 수익화를 일찍이 시작한 크리에이터입니다. 팔로워가 1000명일 때 80만 원을 벌었고, 3000명일 때 300만 원, 6000명일 때는 1000만 원의 수익을 달성했습니다.

그가 가지고 있던 가치, 즉 '수능 수포자 성적 올리기'를 인스타그램 친구들에게 전달했더니, 성적이 오른 학생들의 입소문을 타고 팔로워가 급증했습니다. 팔로워가 8000명도 안 되는 작은 계정이었지만, 그는 수익화를 성공적으로 이뤄냈습니다.

그 이유는 그가 자신이 좋아하는 수학을 1단계에서 완성한 후, 그 수학을 같이 좋아하는 친구들과 이야기하면서 2단계를 이룬 거예요. 그리고 친구들이 왜 자신을 좋아하는지, 그 이유를 찾아 3단계를 완성한 후, 그 친구들에게 가치 있는 정보를 제공하면서 4단계를 완성한 거죠. 'N수구원'은 이렇게 자신이 가지고 있는 가치를 콘텐츠로 만들어 팔로워들에게 전달했고, 그 덕분에 수험생들이 자연스럽게 찾아왔습니다.

이 과정에서 중요한 점은 '정확한 타겟과 목표'를 설정한 후, 그들에게 공유하고 저장할 수 있는 콘텐츠를 제공하는 것이었습니다. 그렇게 만들어진 콘텐츠는 자연스럽게 바이럴이 되면서 팔로워를 빠르게 확보하게 되었죠. 인스타그램은 소통을 중시하는 플랫폼이라 좋아요나 댓글보다 '저장'과 '공유' 지표가 훨씬 알고리즘에 도움이 됩니다.

따라서 팔로워를 빠르게 늘리기 위해서는 자신의 팔로워 타겟이 저장하거나 공유하고 싶어할 만한 콘텐츠를 만드는 것이 중요합니다. 이를 통해 여러분도 자연스럽게 팔로워를 확보하고, 수익화를 이루어낼 수 있을 것입니다.

④

나의 콘텐츠가 공유 & 저장이 된다면 4단계 완성입니다

낭만키키 : 아~ 그러니까 4단계에서는 공유와 저장이 핵심이네요?

세아들아빠 : 맞아. 내가 가지고 있는 가치를 적극적으로 알리는 행위인 거지!

낭만키키 : 그럼, 그 가치를 알아본 사람들이 제 팔로워가 되는 거군요!

앞에서 배웠던 내용들을 정리해보면, 인스타그램에서 수익화를 성공적으로 이루기 위한 과정은 단순히 팔로워 수를 늘리는 것에 그치지 않습니다. 다음과 같은 단계를 순차적으로 밟아가며 나만의 가치를 발견하고, 그것을 콘텐츠로 만들어 나가는 것이 핵심입니다.

1단계 : 먼저 아무거나 올리면서 내가 진정으로 좋아하는 것을 찾습니다. 이를 통해 내가 무엇에 열정을 가지고 있는지 알아볼 수 있어요.

2단계 : 내가 좋아하는 것 중에서 남들이 좋아할 만한 것들을 찾는 과정이 필요합니다. 내가 좋아한다고 해서 모두가 좋아할 수는 없기 때문에, 남들의 관심을 끌 수 있는 요소를 찾아야 해요.

3단계 : 내가 왜 팔로워들에게 사랑받는지, 나를 왜 좋아하는지를 파악하는 시간입니다. 이를 통해 내 강점이나 특성을 정확하게 이해하게 되죠.

4단계 : 그 이유를 바탕으로 나만의 가치를 발견하고, 이를 저장하고 공유할 수 있는 콘텐츠로 풀어내는 것입니다. 이렇게 콘텐츠가 사람들에게 공유되거나 저장되면, 팔로워들은 점차 내 팬이 되어가죠.

결국, 중요한 것은 이런 단계를 순차적으로 거쳐야 한다는 것입니다. 처음부터 정보성 콘텐츠만 올리게 되면, 팔로워들과의 라포(신뢰 관계)가 쌓이지 않았기 때문에 금방 떠날 수 있어요. 또한, 남들이 좋아하는 것만 쫓다 보면 결국 지치고 포기하게 될 가능성도 커집니다. 그러므로 위의 순서를 충실히 따라가며 나의 현재 단계를 점검하고, 그에 맞는 콘텐츠를 만들어가는 것이 중요합니다.

고민의 과정을 통해 나의 가치를 발견하고, 이를 기반으로 콘텐츠를 만들어낼 때 비로소 1만 명의 '찐친' 팔로워를 달성할 수 있게 되는 거죠. 이렇게 차근차근 단계를 밟아가며 자신만의 색깔을 찾아가봅시다!

앞으로 나의 직의 형태가
바뀔 수는 있어도

너는 꿈이 뭐니?

그저 내가 좋아하는 것들을 따라가는
사람이 되고싶다.

꿈은 없고요

그냥 하고 싶은 거
합니다

4단계 [공유해]

⑤

이제는 '당신'이
브랜드입니다

낭만키키 : 작가님, 감사해요!

세아들아빠 : 왜?

낭만키키 : 작가님 덕분에 인스타그램을 통해서 행운을 얻었어요!

세아들아빠 : 무슨 행운을 얻었어?

낭만키키 : 제가 좋아하는 것을 찾았고 원하던 인생을 살 수 있게 되
었으니까요.

세아들아빠 : 맞아. 키키는 이제 하나의 브랜드니까.

어렸을 적, 저는 꿈이 많았어요. 하고 싶은 일이 정말 많았거
든요. 매일 새로운 꿈을 꾸고, 그 꿈들이 제 미래를 그려줬습니
다. 그런데 시간이 지나면서 현실과 마주하게 되었고, 어른이

되면서 그 꿈들을 하나씩 포기하게 되었어요. 일상의 평범함 속에서 살아가는 것이 자연스럽게 느껴졌고, 직장 생활을 하는 평범한 미래만을 떠올리게 되었죠.

하지만 '세아들아빠' 님을 만나고 인스타그램을 시작하면서 제 생각은 확 달라졌습니다. 그때 저는 세상에는 자신이 좋아하는 일을 하며 잘 사는 사람들도 많다는 것을 발견했어요. 내가 좋아하는 것을 하면서도 세상에 긍정적인 영향을 미칠 수 있다는 사실은 제게 큰 깨달음이었죠. 그리고 점점 더 빨라지는 세상 속에서, 내가 어떻게 변화를 따라잡을 수 있을지 고민하게 되었습니다.

AI가 등장하며 세상은 더욱 빠르게 변화하고 있습니다. 우리는 이제 그 변화를 피할 수 없고, 어떻게 그 속에서 자신을 찾고 살아갈지를 고민해야 합니다. 그런데 그 변화 속에서 중심을 잡을 수 있는 것은 다른 무엇도 아닌, 바로 '나'라는 존재입니다. 나만이 나를 제대로 알 수 있고, 나만이 나다움을 지킬 수 있기 때문입니다. 여러분은 자신에 대해 얼마나 잘 알고 있나요? 내가 나를 아는 것이 가장 중요한 첫걸음입니다. 나를 알아야 비로소 내가 원하는 방향으로 나아갈 수 있고, 진정한 경쟁력을 가질 수 있습니다.

그리고 이 과정을 통해, 나 자신을 어떻게 브랜딩할 것인지 고민하게 되었어요. 나를 브랜딩한다는 건 단순히 외적인 모습만을 꾸미는 것이 아닙니다. 내가 어떤 사람인지, 내가 가진 가치는 무엇인지, 그리고 내가 세상과 어떻게 소통할 것인지를 정의하는 과정이죠. 이를 통해 내 인생을 내가 원하는 방향으로 이끌어갈 수 있습니다. 내가 어떤 가치를 지닌 사람인지를 정확히 알고, 그 가치를 기반으로 세상과 소통하면서 나만의 길을 개척할 수 있습니다.

여러분은 결코 평범한 사람이 아닙니다. 여러분은 대체 불가능한 존재입니다. 우리 각자가 가진 고유한 특성, 관심사, 가치관은 그 누구도 대신할 수 없는 것입니다. 그러니 자신감을 가지

나처럼 주체적인 삶에서
행복을 찾고 싶은 사람을 위해

좋아하는 일로 돈 버는
이야기를 소개하고 싶다!

한 번뿐인 인생
나답게 살래

고, 두려움 없이 도전해보세요. 당신은 브랜드입니다. 이제 그 브랜드를 세상에 보여주고, 나만의 이야기를 세상에 들려주세요. 그렇게 함으로써, 당신만의 독특한 길을 걸어가게 될 테니까요. 자신을 믿고, 도전하세요. 그 어떤 변화 속에서도 당신만의 빛을 발할 수 있습니다.

만약 혼자하는 과정이 어렵게 느껴진다면 언제든지 '낭만키키'와 '세아들아빠'를 찾아오세요. 저희는 여러분이 좋아하는 일로 함께 성장할 수 있도록 커뮤니티와 챌린지를 함께합니다. 아래 QR로 들어가 프로필 링크를 확인해보세요.

@NANGMANKIKI

@DAD_N.SON

마치는 글  **'낭만키키' 남가현**

　'주체적 삶에서 행복이 나온다'라는 문장은 제가 특히 좋아하는 문장입니다. 한 번뿐인 인생에서 내가 좋아하는 일을 추구하며 살아간다는 것, 그리고 더 나아가 그 일로 돈을 벌며 살아간다는 것은 누구보다 행복하고 주체적인 삶이라 믿습니다. 여러분도 좋아하는 일로 무언가를 시작하고 싶다면, 한 발 한 발 내딛는 작은 도전을 두려워하지 않으셨으면 합니다. 누구에게나 처음은 어설프고 부족하기 마련입니다. 하지만 그 시작이 결국 여러분의 미래를 만들어갈 첫걸음이 될 거예요.

　물론, 좋아하는 일을 돈으로 만드는 여정은 결코 쉽지 않았습니다. 때로는 막막했고, 수많은 실패와 좌절을 겪으며 포기하고 싶었던 순간도 많았습니다. 그러나 저는 그 모든 순간을 지나며 중요한 깨달음을 얻었습니다. 완벽한 시작보다 더 중요한 것은, 다시 시작할 용기라는 사실입니다. 고등학교 때 자퇴후 방황의 끝에서 다시 일어섰던 제 자신처럼, 그리고 인스타툰을 1년 넘게 꾸준히 그리며 이어갔던 것처럼요. 결국 가장 중요한 것은 나 자신에 대한 믿음과 지속적인 노력이라는 걸 배웠습니다.

이 책을 읽으며 조금이라도 용기를 얻으셨다면, 그 자체로 제 여정은 더욱 가치 있는 일이 될 거라 생각합니다. 이 이야기를 통해 특별한 사람이 아니어도, 누구나 자신의 삶에서 가능성을 발견하고 성공적인 삶으로 이어갈 수 있다는 것을 보여드리고 싶었습니다. 좋아하는 일로 돈을 벌고, 그것을 삶의 일부로 만든다는 것은 모두가 꿈꿀 수 있는 일입니다. 다만, 그 길을 걸어가는 데 필요한 것은 작은 믿음과 끊임없는 노력, 그리고 포기하지 않는 마음입니다.

지금은 온라인 시대입니다. 특히 인스타그램은 자신을 브랜딩하고, 기회를 만들어가는 데 있어 강력한 도구가 될 수 있습니다. 앞으로 인스타그램을 통해 기회를 얻는 사람들이 점점 더 많아질 것입니다. 이 시대에 한 발 앞서 나아간다면, 3년 또는 5년 내에 분명 눈에 띄는 성장을 이루실 수 있을 거예요.

저 역시 앞으로의 도전을 계속 이어갈 것입니다. 그리고 여러분도 스스로의 이야기를 만들어가며, 세상에서 단 하나뿐인 특별한 인생을 그려가시길 바랍니다. 이 책이 여러분의 첫걸음을 응원하는 작은 동기가 되었기를 진심으로 바랍니다. 감사합니다.

마치는 글　　'세아들아빠' 이원일

'나는 왜 살고 있을까?'

중학교 2학년 때, 저는 이런 질문을 품고 있었어요. 한 3년간 답을 찾았는데… 못 찾겠더라고요. 그래서 질문을 이렇게 바꿨어요.

'나는 어떻게 살아야 할까?'

그리고 그에 대한 답은 이렇습니다.

'행복하게 살자!'

행복에 대해서 정말 많은 고민을 했습니다. 시간이 한참 흐른 뒤에 다시 얻은 결론은 이것입니다.

'내가 하고 싶은 일을 하면서, 좋은 친구들과 각자의 성장을 이야기하는 것!'

물론 제가 찾은 답이 정답일 수는 없겠지요. 아들에게도 이렇게 알려주지만 강요는 하지 않습니다. 세 아들 모두 각자의 생각이 있을 테니까요. 단지, 제가 아들에게 알려주고 싶은 것은 인생을 행복하게 살라는 말이에요. 아빠가 찾은 이런 답도 있으니 참고해서 아들의 인생을 살았으면 하는 바람이죠.

여기서 중요한 포인트가 있어요. '행복하게 살자!'라는 명제는 '행복'과 '살기'가 합해진 내용이라는 거예요. 우리는 태어나서 어쩔 수 없이(?) 살게 되잖아요. 그래서 사는 건 누구나 그럭저럭 살 수 있는 거 같아요. 문제는 행복하게 사느냐, 그냥 그렇게 사느냐인 거죠. 동물의 왕인 사자도 나름 행복하게 사는 거 같아요. 배가 고프면 영양을 잡아 먹고 배가 부르면 쉬면서 잠을 자고요. 그런데 인간은 동물의 그런 기본적인 생활을 하면서도 더욱 행복한 삶을 영위할 수 있다고 생각해요. 무엇 때문일까요?

'일' 때문 아닐까요?

저는 '변화'하는 것에 많은 의미를 두고 살고 있습니다. 세상 모든 게 변화하니까요. 그 변화는 성장과 퇴보를 반복하지만 저는 항상 '성장'하는 것에 마음을 두고 살아가는 거 같아요.

그렇다면 어떻게 성장할 수 있을까요?

'일'이 있어야겠지요. 누구나 각자가 '지금 하는 일'이요. 그리고 '할 수 있는 일', '하고 싶은 일'이요.

'하고 싶은 일'이 '할 수 있는 일'이 되고 '지금 하는 일'로 바꾼다면 이 자체가 성장이라고 생각해요. 그렇게 성장하는 사람들과 만나서 차를 마시며 이야기를 나누는 시간을 상상합니다. 아들과 차를 마신다면 더욱 더 행복하겠네요.

인스타그램으로 하고 싶은 일을 찾아서, 그 일에 관심 있는 사람들과 함께 소통하고 성장하면서, 내 가치를 전달하자는 게 이 책의 핵심 내용이에요. 이 내용을 실천한다면 '행복하게 살자!'에 대한 경험을 얻지 않을까 생각합니다.

혼자 하기가 힘들다면 '세아들아빠'와 '낭만키키'가 함께할게요. 저희 둘의 인스타에 오시면 항상 함께하실 수 있는 '인스타 성장기 챌린지'를 진행하고 있으니까요.

마지막으로 제 꿈에 대해 잠깐 말씀 드릴게요. 제 첫 책《아들이 알바해서 번 돈 1000만 원으로 서울에 집 샀다》의 마치는 글에서도 말씀을 드렸듯이 저는 아들에게 전하고 싶은 말이 있습니다.

1. 호흡을 이용한 긴장과 이완의 몸수련
2. 언제든지 불안함과 함께할 수 있는 마음수련
3. 수련으로 단련된 몸과 마음을 가지고 살아가는 인생수련
이 세 가지예요.

이 책은 인생수련 중에서 '내가 좋아하는 일로 돈을 버는 방법'에 대한 이야기예요. 책에서 아들에게, 그리고 낭만키키에게

전하는 말들에는 '2. 언제든지 불안함과 함께할 수 있는 마음수련'의 내용들이 조금씩 포함되어 있습니다. '인스타 성장기' 프로그램으로 '낭만키키'와 'N수구원'이 불안함이 사라졌다는 이야기를 했잖아요. 하지만 불안함은 다시 찾아올 거예요. 우리가 살아 있는 동안에는요. 그래서 불안함과 함께할 수 있는 멘탈을 가지고 있다면 인생을 잘 살아 나갈 수 있는 열쇠를 가지고 있는 거나 다름없어요.

제가 알려드리는 게 가장 좋다는 말은 아니에요. 하지만 아들에게는 꼭 전해줘야겠다는 생각을 하고 있고요. 또 아들 또래의 청년들에게 전해진다면 더욱 행복한 일이 되겠네요.

이 책을 읽으신 모든 분들께 조금이나마 도움이 되었기를 바랍니다.

― 합정동에서

**스물다섯 살,
인스타로 시간당 30만 원 번다**

초판 1쇄 인쇄 | 2025년 3월 14일
초판 1쇄 발행 | 2025년 3월 21일

글 · 그림 | '세아들아빠' 이원일 · '낭만키키' 남가현

펴낸이 | 구본건
펴낸곳 | 비바체
출판등록 | 제2021000124호
주소 | (27668) 서울시 강서구 등촌동39길 23-10, 202호
전화 | 070-7868-7849
팩스 | 0504-424-7849

ⓒ이원일 · 남가현, 2025
ISBN 979-11-93221-30-3 03320